屋根もない、家もない、でも、希望を胸に

フィリピン巨大台風ヨランダからの復興

見宮 美早・平林 淳利
KEMMIYA Misa・HIRABAYASHI Atsutoshi

はしがき

　2013年11月、猛烈な台風ヨランダがフィリピン中部のサマール島やレイテ島をはじめとするビサヤ地方を襲い、甚大な被害をもたらした。本書は、台風ヨランダの上陸による被災地への緊急支援と、これに引き続いて実施された技術協力「台風ヨランダ災害緊急復旧・復興支援プロジェクト」を中心に、日本が行った復旧・復興支援を描いたものである。

　本書の特徴としては以下の2点が挙げられる。まず、現地で行われている支援の様子が、現場の視点から生き生きと描かれていることである。著者の見宮職員は、台風ヨランダがフィリピンに上陸した当時から2年間ほど、JICAフィリピン事務所の所員として緊急復旧・復興支援の現場に立ち会った経験を有し、また、もう一人の著者である平林国際協力専門員は、何度も現地を訪れ、フィリピン側との協働で活躍した経験を持つ。このような著者それぞれの経験に基づいて、例えば第2章では、現地の日本人、フィリピン人の視点から緊急支援の様子が臨場感溢れる筆致で描かれている。

　次に、日本も提唱している「Build Back Better」（より良い復興）という考え方がフィリピン政府の復旧・復興政策の方針として正式に採用されたことである。2011年の東日本大震災に対する宮城県震災復興計画の理念にも反映された「Build Back Better」という考え方は、ただ単に災害前と同じ状態に戻すのではなく、災害前より良い状態にすることを指す。日本からの働きかけもあり、この方針の下、中長期的な視点に基づいて復興計画が立てられた。その具体例であるハザードマップの作成や、被災者の生計回復と公共施設の再建を迅速に行ったことなどが第3章から第

6章にかけて描かれている。

　第7章で描かれている、東日本大震災で被災した宮城県東松島市と台風ヨランダで被災したフィリピン国復興関係者との交流も意義の深い取り組みといえる。自然災害からの復興を目指す関係者同士、JICAの招へい事業を通じて互いの経験や学びを共有している。この協力は、今後も続く復興事業を主体的に実施していくうえで両国にとって貴重な財産となっている。

　第8章では被災地の現状が描かれており、本書で紹介したJICAの取り組みが成果を上げている様子が見てとれる。現在も様々な形で支援は続いており、今後も一層、現地の復興が進んで行くことを祈念してやまない。

　本書はJICA研究所の「プロジェクト・ヒストリー」シリーズの第19弾である。この「プロジェクト・ヒストリー」シリーズは、JICAが協力したプロジェクトの歴史を、個別具体的な事実を丁寧に追いながら、大局的な観点も失わないように再構築することを狙いとして刊行されている。そこには、著者からの様々なメッセージが込められている。フィリピンを取り上げるのは初であり、また、災害復興をテーマとして取り上げるのも初である。新たな広がりを見せている本シリーズ、是非、一人でも多くの方に手に取ってご一読いただければ幸いである。

JICA研究所長

北野　尚宏

目次

はしがき ………………………………………………………………… 2

プロローグ
音信不通となった島 ………………………………………… 9
その時マニラは晴れていた……………………………………………… 11
青年海外協力隊6名と連絡がとれない………………………………… 13

第1章
100年に一度の超大型台風ヨランダ ………………… 17
脆弱な産業基盤　貧困地域のレイテ・サマール州 …………………… 18
最大風速87.5m、死者6,201名 ………………………………………… 20
九死に一生を得たタクロバン市長 ……………………………………… 23
必死に続けた食糧配給 …………………………………………………… 26
共同墓地に用意された3,000の十字架 ………………………………… 29

第2章
経験値を超えた緊急支援活動 …………………………… 31
心身とも限界の中で ……………………………………………………… 32
緊急支援プロ集団との先陣争い ………………………………………… 34
発揮された現場力 ………………………………………………………… 36
困難を極めた輸送ルートの確保 ………………………………………… 37
三次にわたる医療チーム派遣 …………………………………………… 39
コラム　台風ヨランダの経験から生まれた「J-SPEED」 …………… 43
現地の人が使えるものを直接届ける …………………………………… 44
ブルーシートやテントに感謝の声 ……………………………………… 46
20名の緊急援助隊専門家チーム現地入り ……………………………… 49
屋根もない、家もない、でも、希望を胸に …………………………… 51

第3章
Build Back Better ―復旧を超えた災害に強い復興を― …… 55
Build Back Better ―復旧を超えた災害に強い復興を― ……………… 56

設計通り施工できない	58
設計・施工監理マニュアル改善案の提示	60
現地に拠点や人がいたなら	61
災害が発生してからでは遅い	64
ラクソン大統領補佐官の真意を問う	65
20市町に及ぶ広域プロジェクト	67
質の高い無償資金協力	69
「Build Back Better」を売りに	69
信頼関係構築に焦り	75

第4章
被災者の生計回復に向けた支援（QIPS）　77

失敗してもいい、チャレンジしてほしい	78
現地関係者との関係構築が第一	80
安心して寝泊まりできるホテルを確保	81
全22件の案件を決定	84
QIPS 1　台風に強い養殖生簀をつくる（バセイ町）	87
QIPS 2　カキとミルクフィッシュの混合養殖（タナウアン町）	93
QIPS 3　頑丈な校舎建設と日本の熟練工による人材育成	96
QIPS 4　女性グループによる食品加工を支援	101
コラム　日本への思い：トロサ町の計画官ザルディ	104
地元施工業者を育てる	106

第5章
復興ハザードマップの作成　109

精度の高い地形図をつくる	110
草むらをかきわけ基準点を探す	112
レイテ島のレーザー測量を完了	114
フィリピン政府高官に評価された高潮ハザードマップ	117
ハザードマップの価値とリスク	119
避難計画づくりを支援	121

第6章
台風ルビーによる検証……………………………………………… 127
台風ヨランダの再来・台風ルビーの来襲……………………………… 128
ハザードマップを活用、犠牲者ゼロ…………………………………… 131
台風ルビーの教訓と課題………………………………………………… 133
コラム　ベルナダスの涙………………………………………………… 137
ハザードマップの理解促進を呼びかける……………………………… 138
避難計画づくりが本格化………………………………………………… 139
災害に強いまちづくり計画にも着手…………………………………… 142
無事だった浮沈式生簀…………………………………………………… 144
コラム　QIPSを支えたドリームチーム……………………………… 148

第7章
東松島市の震災復興に学ぶ ……………………………………… 151
支援に手をあげてくれた東松島市……………………………………… 152
自然景観に恵まれた東松島市…………………………………………… 154
考えた辞職………………………………………………………………… 155
いち早く示した復旧・復興指針………………………………………… 157
桁違いの復興予算………………………………………………………… 158
台風ヨランダ関係者の招へい…………………………………………… 160
コラム　ボランティアが勇気を与えてくれた／高橋徳治商店……… 164
復興の歩みを検証………………………………………………………… 165
被災地交流から国際交流へ……………………………………………… 167

第8章
持続可能な復興に向けて ………………………………………… 169
フィリピン政府が防災・減災への投資を決定………………………… 170
防潮堤建設計画に技術支援……………………………………………… 171
非構造物対策も並行して………………………………………………… 173
住民と共に作った土地利用計画………………………………………… 174
避難計画に反映された東松島市の教訓………………………………… 176

コラム　あの日を忘れない、台風に負けない社会を次世代のために ………… 177
台風ヨランダ復興経験を仙台から発信………………………………………… 179
6倍の高値で取引されるタナウアン町のカキ………………………………… 181
持続可能なミルクフィッシュ養殖を目指して………………………………… 182

エピローグ
あの日を忘れず、共に前へ進もう
………………………………………… 185
プロジェクトが終了……………………………………………………………… 186
世界に羽ばたく訓練を受けた船乗りたち……………………………………… 189
東松島市の復興にフィリピンを重ねる………………………………………… 191

あとがき…………………………………………………………………………… 194
台風ヨランダ災害対応年表……………………………………………………… 197
参考文献・資料…………………………………………………………………… 200
略語一覧…………………………………………………………………………… 202

プロローグ

音信不通となった島

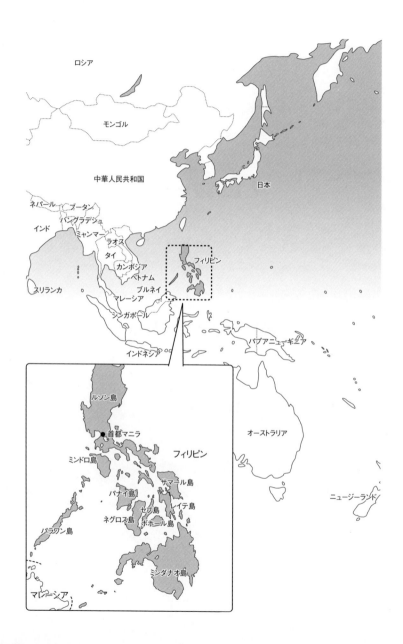

プロローグ　音信不通となった島

その時マニラは晴れていた

　100年に一度といわれた超大型台風ヨランダ（国際名：ハイヤン）がフィリピン国土に上陸した2013年11月8日、首都マニラは朝から穏やかな晴天だった。台風ヨランダが上陸したサマール島やレイテ島からの被災ニュースはほとんどないまま、平穏な一日が始まっていた。

超大型台風ヨランダ。台風の眼がはっきり見える　　　　　出所：PAGASA

　JICAフィリピン事務所は以前から計画していたフィリピンと日本の著名な学者や行政官を集めた経済政策セミナーを予定通り実施した。

　当時、事務所員の見宮美早は、この日本とフィリピンの政策対話を促進することを目的としたセミナーを担当していた。見宮はJICAに入って16年。これまで本部での様々な業務と共に、5年近いケニア事務所赴任中は環境や平和構築支援の事業管理を担当した。JICAフィリピン事務所に赴任したのは2011年5月。育児休暇明けで、総務班所属となった。翌年からは事務所横断業務である調整班の班長も兼任し、出張も徐々に重ねつつ事務所全体の調整を図っていたが、災害復旧支援のキャリアはゼロにひとしかった。

　午後になると風が多少強まり、念のためセミナーを早めに終了したが、見宮をはじめ、参加者はみな拍子抜けの気分だった。もちろんその時、

同じ国土で何千人もの命が奪われていたなど知る由もなかった。この時点で、首都マニラと台風が上陸したサマール州・レイテ州との間の情報網は完全に遮断されていたのである。

暴風により破壊された気象レーダー

　台風ヨランダが真っ先に上陸したサマール州の半島の突端にあるギアン町の小高い丘には、日本のODAで供与された気象レーダーが設置されていた。8日の早朝までデータを刻々と送っていたが、台風が上陸する直前にデータ通信が途絶えた。気象レーダーが強風により破壊されたのだ。これにより、フィリピンは台風を現地で観測する手段も失った。

　自然災害の場で人道援助の調整を担う国際連合人道問題調整事務所（UNOCHA）は、すでに台風ヨランダ上陸の前日11月7日に国際連合災害評価調整チーム（UNDAC）要員を世界中からマニラに集結させていた。台風上陸前に現地入りするのが定石で、8日早朝に軍用機でレイテ州都のタクロバン市に入る手はずだったが、強風のため7日深夜の出発が見送られたのである。いくら待っても現地からの情報が入らず、身動きがとれないままその日の朝を迎えていた。UNDACメンバーの中には、JICA本部から参画した勝部司がいた。JICA国際緊急援助隊事務局に所属

する勝部は、過去に一度UNDAC派遣を経験しており、UNOCHAからの信頼が厚かった。台風発生後の11月5日にUNOCHAがUNDAC派遣を検討開始した。その時、勝部に内々に派遣の打診があり、7日午後には、マニラ入りの準備を行っていた。彼もまた高まる気持ちと緊張で眠れぬ夜を過ごしていた。

青年海外協力隊6名と連絡がとれない

　11月8日フィリピン大気地球物理天文局（PAGASA）は、4時40分に台風ヨランダがサマール島のギアン町に上陸したと発表した。同日、予定外に空いた時間でマニラ市内のJICA事務所を訪問した勝部は、驚くべき情報に接した。「レイテ島に派遣されている青年海外協力隊6名と連絡がとれない」という。しかし、一刻も早く現地に入りたい気持ちとは裏腹に、マニラのフィリピン軍基地で何時間も待機を強いられた。フィリピン軍によりタクロバン空港の滑走路のクリアランスが行われ、勝部たちUNDACメンバーが軍用機で現地入りしたのは、結局9日の10時を回っていた。被災からすでに24時間以上経過している。

タクロバン市に向け、マニラ基地で軍用機に乗り込むUNDACメンバーたち

一方、JICAフィリピン事務所長の佐々木隆宏は、セミナー会場から事務所に飛んで帰った。安否確認がとれない青年海外協力隊員6名が心配でならなかった。被災しているのか、あるいは単なる通信の問題なのか。ありとあらゆる手段で関係省庁や国連機関から現地の情報をとろうと試みたが、これらの機関も情報を持っていなかった。「探しに行こう」と思い立った佐々木と協力隊調整員班長の矢野史俊だが、捜索には土地勘があり、タガログ語（フィリピンの母国語）、さらには現地語ワライワライ語を理解できる人物が必要だ。その時、一人の女性の顔が浮かんだ。協力隊班にいるマイタである。彼女はレイテ島近くのイロイロ市出身で、JICAフィリピン事務所勤務歴20年を超える。矢野とマイタは翌10日の出発に向け準備を始めた。

　隊員の救出オペレーションと並行して、JICA事務所は被災当日から、緊急支援の準備態勢に入った。過去の災害で緊急支援経験を積み重ねてきた事務所は、災害時における動き方の方程式を持っていた。重要なのは一次情報であり、実際に目で見ることだった。その方程式に『待ち』はなかった。問題は、「誰が」「どうやって」「誰と行けるか」であった。現地入りが非常に難しい中では、フィリピン政府が派遣する被災状況確認調査団に入り込むのが一番確実だった。

　迅速に政府に働きかけた結果、災害復旧を担う市民防衛局（OCD）に派遣されていた日下部隆昭専門家が、9日、市民防衛隊のカウンターパートと一緒に現地入りを果たした。10日には、唯一の通信手段として衛星電話を持った矢野とマイタが、マニラ空港を飛び立った。

「矢野さん、食料と水と、大きくて厚いごみ袋も用意しましょう」。

　矢野と一緒に慌ただしくマニラを出たマイタは、出発前にこう提案した。JICA事務所ベテランで、歴代の事務所所員からの信望も厚いマイタは、協力隊員の肝っ玉母さんであり優しいお姉さんでもあったが、緊急支援対応は初経験だった。現地情報がわずかで、隊員が生きているかもわから

ない。口が裂けても言えないが、万が一の時には遺体を運ばなければと思ったのだ。彼女にとっては精一杯の提案だった。

セブからオルモックへフェリーで渡り、オルモックの被災状況を見てマイタは血の気が引いた。「オルモックでこれだけの被害があるということは、タクロバンはどうなっているのか？自分たちはとんでもないところに来てしまっているのかもしれない」と。なんとかオルモックで隊員1名の安否を確認できた。その晩は車中に泊まった。翌日タクロバンについたのは夕刻だった。その時、残る5人の隊員のうち2人は幸運にも最初の商用機に乗ってタクロバンを脱出し、もう1人はセブに到着していた。残るは2人だ。

矢野とマイタの2人は倒れている電柱や倒木を避け、なんとか看護婦隊員のいるタナウアン町に暗くなってから到着した。そこで、臨時診療所になっている町役場に不明の女性隊員がいると聞いた。ロウソクの灯を頼りに隊員を見つけると、隊員は2人に抱きつき、そして大泣きした。「誰も、助けに来てくれないかと思った」。被災から、4日目の夜だった。出産中の妊婦3名を放ってはおけないという隊員の意志を尊重し、一晩待ち、翌日さらに南下し、残り1名の隊員も連れて帰途についた。

一方日本では、8日のうちに、JICA本部において緊急援助の調査チームと国際緊急援助隊の医療チーム派遣についての調整が進んだ。10日には派遣が決定。11日15時のチャーター機に搭乗できることを条件に、医療チーム登録メンバー1,140名に対して、10日の夜21時前に一斉募集をかけた。締め切りは23時。その1時間後の零時には選定結果を通知するという非常に厳しいスケジュールの中、20名弱の募集枠に対して5倍を超える応募があった。翌日、27名の医療チームが予定通りフィリピン向けのチャーター便に搭乗し、成田を後にした。

緊急支援と復旧・復興支援の違い

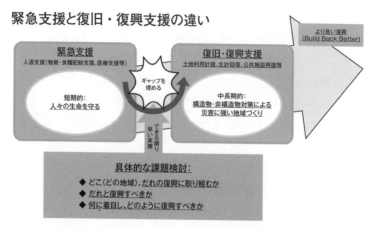

出所：プロジェクト資料を筆者が編集

JICA台風ヨランダ災害復旧・復興支援全体像

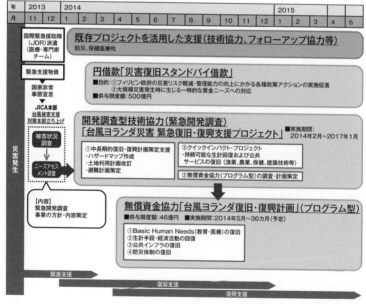

出所：プロジェクト資料を筆者が編集

第1章

100年に一度の超大型台風ヨランダ

脆弱（ぜいじゃく）な産業基盤　貧困地域のレイテ・サマール州

　人口20万人以上が暮らす州都タクロバン市を含むレイテ州やサマール州は、超大型台風の上陸があったと言えども、ここまで孤島化した理由には、その地域特有の事情がある。

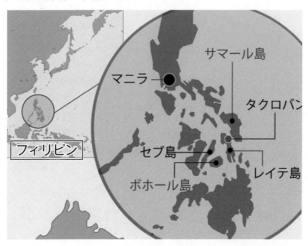

　レイテ州・サマール州のあるレイテ島、サマール島はフィリピンの中南部に位置する。レイテ湾とその周辺海域は、太平洋戦争中に世界海戦史上最大の激戦となったレイテ沖海戦の舞台になったことで知られる。バターン半島とコレヒドール島で日本軍と戦っていたダグラス・マッカーサーが、"I shall return"の言葉を残し、1942年3月、オーストラリアへ脱出した。

　戦局は変わり、マッカーサー率いるアメリカ軍部隊は、1944年10月23日レイテ湾に再び上陸し、フィリピン奪回の第一歩を記した。その後、フィリピンにおける決戦といわれるレイテ島の戦いが全島を戦場として繰り広げられた。日本軍の物資補給・兵員補給の輸送船が移動途中で沈められ、補給を断たれた8万人以上の兵士が戦死や病死・餓死でほぼ全滅した。また数多くの島民が日本軍とのゲリラ戦に参加したほか、戦闘の巻き添えで一般人も多数犠牲となった。マッカーサーのフィリピン帰還・上陸を記念したモニュ

メントが上陸地点のパロ海岸にあるほか、日本軍兵士の慰霊碑がレイテ島だけで80カ所以上あるといわれる。毎年8月には、レイテ島でご親族を亡くした日本人の遺族の方々が、慰霊碑に参拝に来ている。しかし、現地の人々によると、現在は、遺族の高齢化が進み、参拝者は減っているそうだ。

レイテ島にある慰霊碑の一つ

　このような歴史を抱えたレイテ州、サマール州を含む東ビサヤ地方（Region 8）[1]は、台風ヨランダが来襲する前、全国で第3位のココナッツ生産地だった。同地方の農地面積の58%をココナッツ農地が占めており、5,210万本のココナッツの木が植えられていた。東ビサヤ地方の主要産業である農業に、その人口の半分が従事していたといわれる。[2] 漁業分野では、2011年には、東ビサヤ地方における魚類生産の総量が国の魚の生産の5%を占め、地域経済の4.2%を占めた。水産養殖は2002年から2011年の10年間で約3倍に拡大してきた。しかし、被災前、自治体漁業や商業漁業の収穫量は漁業資源の減少に伴い下降していた。

---

1) 東ビサヤ地方は、Region VIII（リージョン8）と呼ばれる行政区で、レイテ、サマール、ビリランの3つの島から成り立つ。中央省庁の地方事務所はこの Region ごとに配置されていることが多い。

2) https://en.wikipedia.org/wiki/Leyte_(province), https://en.wikipedia.org/wiki/Eastern_Samar

レイテ州のおもな産業は林業、稲作、平地でのサトウキビや山地でのココナッツなどのプランテーションによる農業および漁業である。タクロバン市には、首都マニラやセブ市とつながる空港があり、また、港は材木積出港として重要な機能を果たしていたが、湾の深度から大型船は接岸できず、その輸送能力は限定的だった。ココナッツ製油工場や多少の金融・商業活動がタクロバン市を中心に営まれていたが、これといった二次・三次産業はなかった。サマール州の主な産業も、稲作や芋などの農業、林業、漁業で、レイテ州よりもさらに産業基盤が脆弱な、フィリピンの中でも最も貧しい州の一つだった。
　このように、一次産業中心の産業構造が脆弱な地域は、超大型台風という自然災害の影響をもろに受けることになった。

最大風速87.5m、死者6,201名

　11月9日、フィリピン空軍の軍用機やアメリカ空軍のオスプレイがレイテ島タクロバン空港に着陸以降、事態の深刻さが首都マニラにも伝わってきた。外部からの主要な空と海の入り口であるタクロバン空港と港は、高潮の直撃をくらい壊滅的な状況だった。そこからの市内へのアクセスも大量のがれきで困難を極めた。タクロバン市内の被災状況はマニラにいた見宮らには歯がゆいほどわからず、周辺域に至ってはまだまだ闇の中だった。

台風による高潮で、壊滅状態のタクロバン市周辺

被災から4日目の11月11日、大統領府は国家災害リスク削減管理委員会（NDRRMC）の助言に基づき「国家非常事態宣言」を発令した。全体の被災状況が明らかにならぬまま、まさに非常事態であった。

　100年に一度といわれる超大型台風ヨランダは、記録的な規模の高潮と強風により、36の州において甚大な被害をもたらした。高さ5m以上に達した沿岸部の高潮による被害に加え、観測記録史上最高風速87.5m/秒の強風により、台風通過地域を中心にして広範囲に多くの都市や町が被害を受け、地域によっては90%もの家屋が崩壊するに至った。死者6,201名、負傷者28,626人、行方不明者1,785人、被災者数1,600万人以上、経済的な損失は895億ペソと見積もられている。[3]

　中でも勢力を保ったまま最初に上陸したサマール州と高潮が直撃したレイテ州東部の沿岸地域の被害は深刻であった。高潮による浸水は内陸部4km以上に及び、レイテ湾の奥湾に位置するタクロバン市付近で最も顕著で、市街地が壊滅状態になった。貧困地域ゆえに建造物や基礎インフラが脆弱で、一般住宅はいうまでもなく、鉄筋構造建物も屋根が風圧によ

被災した会議場（タクロバン市）

3）http://www.manila-shimbun.com/category/nature/news210654.html

り破壊され、鉄柱が湾曲していた。

　現地の主要産業であったココナッツについては、東ビサヤ地方に植わっていた5,200万本のうち、約65%の3,400万本もの木が倒壊した。ココナッツ加工製品の流通までを含めたこの地域のココナッツ産業には、170万人もの人口が関わっており、大規模なココナッツ被害は、この地域の産業への壊滅的な被害を意味した。規模は小さいものの漁業従事者は6万人ほどおり、5万人近い人々が被害を受けた。1万隻の小型船、24の商業用漁船が破壊され、1,700以上の生簀が流出した。タクロバンに集中していた商工業関連施設についても、店舗や倉庫、卸売システムが機能不全となった。強風により送電塔が被災し、電力供給が停止した。通信施設は通信塔の倒壊と電源喪失により停止し、地上電話と携帯電話とも不通となった。橋梁等一部道路の被災、空港および港湾の機能障害、大型船の陸への打ち上げ、上水道および電力の停止、医療施設の機能不全等、この地域のライフラインはズタズタだった。

多くのココナッツの木が暴風で倒れた

　地震と違い、台風の来襲はある程度事前に動きや規模が把握できる。11月7日、大統領府は国民に対して警戒を呼びかけ、現地に閣僚が集合

し、予防の強化を図っていた。にもかかわらず、なぜここまで被害が広がったのだろうか。想定より早い未明に上陸したため、住民の避難が遅れたことが人的被害を拡大させた。また、Storm Surge（高潮）の予警報がタイムリーに出されなかったこともある。そもそも、Storm Surgeに該当するタガログ語やワライワライ語がなく、英語でいわれてもその意味を理解できない住民が多かったことも被害を深刻にした。ある男性は、台風の強風や豪雨を心配し、内陸の脆弱な自分の家から海岸沿いにある実家に妻と子供を避難させた。それが災いし、高潮で実家の親、妻、子供の全員を失った。適切な予警報の重要さを学ぶには、あまりに悲しい犠牲である。現地の貧困問題、低い教育レベル、行政のガイダンス不足など、人為的な要素も相まっての甚大な被害となった。

九死に一生を得たタクロバン市長

タクロバン市防災担当官のベルナダスにとって、人生で最も過酷な日々がこれから始まろうとは思いもよらなかった。彼の体験をもとに、台風ヨランダが残した爪痕の一端をたどってみたい。

タクロバン市防災担当官のベルナダス(左)

2013年11月4日に「メガ台風」がタクロバン市周辺を直撃する可能性があるとPAGASAからの発表があった（当時は「スーパー台風」とは呼ばれなかった）。タクロバン市長のロマオルデスはその日のうちに、急遽滞在先のマニラからタクロバンに戻り、台風に備えることにした。市長、市民防衛局（OCD）、PAGASA、市役所職員、バランガイ（フィリピンの都市と町を構成する最小の地方自治単位で、村・地区を表すタガログ語）代表者などからなる市の災害対策委員会を設置し、それぞれの役割や今後の対応を話し合った。市役所職員らは、車を走らせながら、また歩きながらスピーカーを使って、住民に避難を呼びかけた。ラジオやテレビも使った。しかし住民の反応は鈍かった。

　11月7日朝6時ごろ、内務地方自治省ロハス大臣が、住民に避難指示を出した。ベルナダスはタクロバン北部を担当し、住民へ引き続き避難を呼びかけた。市長は自ら車で出動し、海岸近くに住む漁師や貧困層などを回り、ぎりぎりまで避難を呼びかけた。

　11月8日朝7時半ごろ、風雨が強まる中、ベルナダスは市役所近くにある自宅に戻り、家族に台風の対応準備を指示。家は3階建てだったので、上の階に逃げるよう急いで伝えた。朝8時半ごろ、雨はさらに強まった。すさまじい風雨と共に高潮が周囲を飲み込んでいく。隣りの家に住む兄弟の家族の家では、水でドアが開かなくなったトイレに娘が閉じ込められた。ベルナダスらは急いでトイレのドアを壊し、娘を救い出した。高潮により、徐々に浸水してきたが、15分程度で、一気に水が引いた。

　11月8日朝10時ごろ、ベルナダスは自宅から市役所に戻った。そのころ、「市長が死んだ」といううわさが流れていた。その日の昼過ぎ、ベルナダスは、町の様子を見に市街から空港に向かって歩いていた。すると、浸水して動かなくなった車の上に立っている男性が、「ブランドン！（ベルナダスのニックネーム）」とさけんでいた。ベルナダスは一瞬、目を疑った。しかし、それはまさしく市長だった。2人はかけよって固いハグをし、お互いの

無事を喜んだ。その時市長は言った。「ブランドン、すべてを失ったよ」。

陸に打ち上げられた船（タクロバン市）

被災したタクロバン空港

　市長は、台風が最接近するまで、空港の状況を確認していたという。有事の際、物資・人の受け入れの要となる空港の状況が気になっていたのだ。しかし、高潮が襲ってきたため、空港近くにある研修施設の状況を確認に行った。研修施設も海岸に面していた。暴風、大雨と共に、3mほ

どの高さの高潮が来た。海水が勢いよく施設内に入り込み、逃げ場を失いかけた。急いで、はしごをかけて研修施設の天井を破り屋根裏に命からがら逃げこんで、九死に一生を得た。市長は、その後、招へい事業で日本に来た際、当時の様子を動画で見せてくれた。それはまさにベルナダスが話したとおり、襲いかかる高潮から必死に逃れる迫力と緊張感ある映像だった。

市長は、海水が引いた後、研修所近くにある自宅に急いで向かい、家族の無事を確認し、その後、がれきだらけの道を家族と共に歩いて、市街に向かった。ベルナダスも、その後母の無事を確認できた。実家で母を見つけた時、母はテーブルの下で大泣きしていた。屋根はとび、家はほぼ全壊だった。

必死に続けた食糧配給

11月9日の朝、首都マニラやセブ市から、政府要人が乗った軍用機が支援物資を搭載して来るという話が市長からあった。「支援物資が届くのもアクセスできる道路があってこそだ」。市長はそう考え、空港と市街までのアクセスの確保に注力した。市役所職員は、緊急対応、あるいは家族の安否確認に追われており、人材が非常に手薄な状況だった。そこで、市長は自らホイールローダ（車輪で走行するトラクターショベル）を運転して、市役所から空港へ向かう主要道路の啓開作業[4]を始めた。その後、公共事業道路省の支援を受けて、バックホー[5]も活用し道路の啓開活動を進めた。途中、「がれきの中に遺体があるから、撤去しないでほしい」と住民が訴えた。市長は、最小限の啓開作業にすると伝え、作業を続けた。作業は、その日の夕方4時ごろまで続いた。

---

4) がれきなどの障害物を取り除いて、道路を切り開く作業。
5) パワーショベルの掘削具を、機械の位置より低い土砂を掘削できるものに替えたもの。パワーショベルが手前から前方に押して掘削するのに対し、前方から手前に掻（か）くようにして掘削する。

被災した家屋

　市長とベルナダスらが道路啓開作業中、薬局の入り口を壊し、店の品物を抱えて出てくる人々を見た。やきもきするベルナダスに「そのままにしておこう」と市長は言った。「警察もいないし、軍もいない。彼らを取り締まるすべがない」。その時、店から持ってきたと思われる乾麺の束を頭に乗せた男性が、市長とすれ違った。市長はいった。「全部食べきれるのかい？」。その男性は、黙って歩いて行った。店から物を持って行った多くの人は、後にタクロバン市外の人たちだったことがわかってきた。市外から仕事で来た人たちは、被災後、家に戻れず泊まるところもなく、食糧もなかった。これを教訓に、被災後の治安を考慮した市長は、数カ月後市で避難計画を協議する機会に、「今後は台風接近がわかったら、市外から極力人を入れないようにする」という市の方針を打ち出した。

　11月10日（日）、大統領は軍用機でミンダナオからタクロバン市に来た。午前中、ヘリコプターで上空から被害状況を確認。警察本部での会議後、市民に非常食を配布して、タクロバンを発った（すでに触れたとおり、大統領は翌11日、国家非常事態宣言を発令した）。10日から本格的にタクロバン市で救急オペレーションが始まった。ベルナダスらは、市役所に保

存していた食糧の配給を始めた。市役所下にあった社会福祉女性省の出先事務所は、海の近くにあったため、保管していた食糧（米、乾麺）は高潮で浸水し、配給できなかった。そこで、ベルナダスらは、トラックを使って配給できる食糧を市内で確保し、近くのバランガイの避難所になっていた学校に運んだ。人々は食糧配給を待って長い列を作っていた。

　ベルナダスたちは、食糧配給のためのボランティアを募った。各バランガイから10名ずつ計100名に1カ月以上ボランティア活動をしてもらった。ベルナダスらは、被災直後から約2カ月の間、休日なしで朝から夕方までボランティアと共に食糧配給に明け暮れた。被災後しばらく電気がなかったので、暗くなると食糧配給は終了。市役所の発電機は高潮で浸水し壊れてしまった。そこで、ろうそくの灯などを使い、夜8時から朝4時まで、仮設テントで翌日配給する食糧配給キット（米5kg・12袋の乾麺・6缶詰：3日間用）を準備した。北部の比較的遠い避難所には、車両が限られていたので6日間用の食糧を配給した。ボランティアには、お礼に食糧キットを毎日支給し、労をねぎらった。

　次章で詳しく触れるが、JICAから緊急支援物資が届いたのは、被災から約11日後の11月18日だった。発電機10台、延長ケーブル10本、プラスチックシート123シート、はさみ、寝袋800などで、それもJICAフィリピン事務所長の佐々木をはじめ事務所員自らが決死の覚悟で届けたものだった。当時、ベルナダスは、JICAからの支援物資の受け取りも担当した。「JICAからの支援が外部からの最初の物資支援だった。支援機材の発電機は、夜間の食糧配給キット作りに大いに役立った。本当に助かった」。ブルーシートは、一緒に供給されたはさみで切って被災者に配布し、吹き飛ばされた家の屋根に使われた。テント、飲料水、缶切りも重宝した。その後、続々と他国からの支援が入ってきた。ベルナダスは翌2014年1月に社会福祉女性省の出先事務所に食糧配給作業が移管されるまで、この作業の指揮を執り続けた。その間、午前4時に帰宅し就寝、午前7時

に市役所に出勤する過酷な日々が続いた。

緊急援助物資を届けた佐々木(左)とロマオルデス市長(中央)、
ソリマン社会福祉大臣(右から2番目)

　被災直後に不便を感じたのは、発電機がなかったからだけではなかった。備蓄倉庫も、救急車も救急グッズさえもなかった。より多くのボランティアの登録も必要だった。ベルナダスは当時を思い出しながら話を続けたが、市長のある言葉を思い出して、重い口ぶりになった。ベルナダスを今もなお突き動かす、忘れられない言葉だったからだ。被災後数日たった11月のある日、市長がベルナダスと肩を組んで、語りかけた。「家族をマニラに返す。復旧作業に集中しよう」。市長は語り続けた。「この災害から学ばないといけない。政府、軍が現地入りするまでに数日かかった。それまで、自分たちの力で生き延びないといけない。そのために、できる限り自分たちで対応できる力をつけないといけない」。ベルナダスの胸に市長の言葉がいつまでも残った。

共同墓地に用意された3,000の十字架

　年が明けた2014年1月3日、ベルナダスは市長に呼ばれた。食糧配給の次は、遺体整理を命じられた。「2014年11月8日の台風被災1周年まで

に、共同墓地を整備してほしい」。

海岸近くに並べられたプラスチックシートに包まれた遺体や被災直後、市内の道路わきなどに仮埋葬された遺体を、内陸地にある北部の新しい共同墓地に移すというものだった。市が7ヘクタールの土地を購入し、後に「メモリアルガーデン」と呼ばれる共同墓地の整備を始めることになったのだ。

遺体整理は、想像をはるかに超えた大変な作業だった。身元確認ができていない遺体からは、DNA検査のため、サンプルをとる必要があった。どうすれば良いかわからないベルナダスたちに、支援に来ていたカナダ人の女性医師から、「遺体を凝視しないこと、臭いにまけないこと」と助言を受けた。ベルナダスと数名のスタッフは、とにかくサンプル採取を続けた。

「海で遺体が発見された」と連絡を受けた時は、現場に向かい遺体をロープでマングローブに結びつけ、流されないようにし、後で回収したこともあった。遺体移送も続けたが、限られた職員だけでは到底対応できる数ではなかった。ベルナダスは、遺体移送の作業ボランティアを募ったが、希望者はいなかった。そこで市長に「500ペソ（約1,250円）/日ならやるといっている人たちがいる」と訴え、日雇いで人を確保し、遺体からのサンプル採取に明け暮れた。サンプルをとった後、遺体にタグをつけていく大変な作業だった。当時は銀行も機能していなかったので、日雇いの人々への現金の支払いも骨が折れた。

共同墓地では、1列に20ずつ、1mの深さの穴を掘り、遺体を仮埋葬した。市長の指示で、木の十字架も3,000用意した。まず、200の十字架を設置したが、当時誰も手伝ってくれる人はいなかった。しかし、翌日墓地に行ってみると、身元のわかった人の十字架に名前が書かれていた。身元がわかり始めると、十字架を設置してくれる人たちが一気に増えた。そんなある日、22人の家族・親類を失ったという女性が墓地にやってきた。家族や親類の名前が書かれた墓をみつけた時、彼女は泣いた。その姿を見て、市長も泣いた。ベルナダスも泣いた。

第2章

経験値を超えた緊急支援活動

心身とも限界の中で

　台風ヨランダ上陸の翌日の11月9日、JICA緊急援助隊の勝部を含むUNDACチームの第一陣がタクロバン空港に降り立った。勝部にとってそれは、人生で初めて見る大災害の現場であった。

　地面に転がる多くの遺体…。暑さ、寒さ、雨、臭い、爆音、空腹、渇きとの闘いの日々…。その後も何度か緊急支援活動に従事することになったが、「台風ヨランダ支援ほど厳しい現場はなかった」と勝部は振り返る。

　緊急支援分野でのキャリア形成を目指し、被災の前線の火事場で自分を試してみたいと思っていた。数日間の被害アセスメント（評価）業務と想定し、この台風ヨランダのUNDACチームの第一陣に手を挙げた。しかし、10日間に及んだ実際の現地オペレーションは命がけのものだった。日本を発って3日目、軍用機で到着したタクロバン空港で、軍用機から降ろしたはずのメンバー全員分の水と食料が盗まれた。手荒い洗礼に、いきなり被災地の現実と絶望感を味わされた。軍から分けてもらった水と手持ちのビスケットで、屋根も壁も飛び、骨組みと化した空港で最初の夜を明かした。

がれきが散乱するタクロバン空港で活動する勝部(左)

　勝部の業務は、市内に設けられた現地調整本部の水際対策として、

空港にReception Departure Centre（受け入れ出発センター）を置き、空からタクロバン入りする支援チームの登録、最新情報の説明、輸送手段の調整を行うことにあった。翌日から、飛行機が着陸するたびにプロペラが鳴りたてる横で大声を上げ、援助関係者らしき人物を次々捕まえて対応した。灼熱の太陽の下で、声は枯れ果て、脱水状況も起きつつあったが、与えられた任務の遂行だけを考えた。

2日目には車両で近隣のバランガイ調査を行うため、タクロバン市内の入り口近くまで進んだ。生まれて初めて見る遺体の連続で言葉を失いつつも、被災状況のビデオを撮るにあたり、遺体が映らないよう角度を調整した。動揺する自分とともに冷静な自分もいた。

昼間は空港で活動し、夜は市内のホテルに2泊できたが、その後は燃料不足で市内に戻れなくなり、空港での寝泊りが6日間続いた。屋根が飛んだ重機置き場に横になったが、夜通し叫び続ける被災者、いつでも飛びたてるように回し続けるアメリカ軍機のプロペラ音、そしてすぐ横の雨水に溜まっている屎尿の悪臭が睡魔をよせつけない。最悪の環境であった。

それでも勝部は懐かしそうに当時を振り返る。「被災者の強さはすごい。

寝泊まりしたタクロバン空港裏建物の一室

被災地に行く前は、支援者が元気で、被災者は受け身で悲観的だと思っていたが、現実にはその逆で、被災者が支援に来た我々を元気づけてくれた。特に、空港から市内への10kmの輸送路確保は、地元の人々のノウハウと機転に助けられた。地元の人々は近所の誰がどのような輸送手段を持っているか知っていた。空港からの輸送に役立てようと、知り得る限りの輸送手段をかき集める動きが自発的に起こった。被災地では、支援者と被災者という立場はなく、そこにいる全員が支援したい、復興したいという気持ちで取り組めることを学んだ」。

勝部がマニラに戻った18日、見宮はJICA事務所で彼を迎えた。日焼けで真っ黒になり、憔悴していたが、業務を全うした者が有する誇らしいオーラを放っていた。

大規模災害発生直後の被災地オペレーションは、決して一国、ましては、一国の1チームで単独完結はできず、支援国と国際社会、そして被災した国の協力・調整が必須だ。この点で、UNDACの果たす役割は大きい。台風ヨランダ発生当時、日本人のUNDAC登録者は4名のみだった。勝部ともう1名が参加した今回、日本人が国際協調の一役を担った重要な機会となった。

緊急支援プロ集団との先陣争い

マニラには、被災地現場とは違った緊張感が張りつめていた。各国外交団、国連機関、援助機関、NGOなどが次々に支援の意を表明。インド洋アチェの津波やハイチの地震災害で緊急支援に従事した百戦錬磨のプロ集団が続々とフィリピンに乗り込んできた。他国軍も投入される中、どの地域に誰が入って何をするのか、議論と駆け引きが続いた。ある機関が、総裁自らが何百万ドルもの融資について大統領に迅速に働きかけた、という話も漏れ聞こえてきた。

先陣争いにどう挑むか——。効率的・効果的な支援を行い日本の存在

感を示すことは、JICAに課せられた使命かつ責務であった。抜け駆けはしないが、待っていたら他の援助国（ドナー）に先を越される。次々と開催されるドナー会合に参加しつつ、これまでの先方政府とのつながりを最大限活用し、状況把握を試み、支援の検討を進めていった。

フィリピン政府内でもどの省庁が主導権を握るかの縄張り争いが繰り広げられていた。大統領指揮により、国家経済開発庁（NEDA）[6]が復興計画策定の政府内総括に指名された。他方、資金動員に関しては財務省[7]が政府内部のかじ取りで先んじていた。JICAの通常の支援プロセスと同じく、緊急援助でも先方政府からの要請が必須だ。これまでの経験上、緊急物資援助は社会福祉省、医療チーム派遣は保健省と要請を担当している省庁がわかっており、在フィリピン日本大使館と協力して要請書を取り付けた。他方、復旧・復興支援については、両組織の綱引きをみつつ、どちらに比重をおいて日本の支援を打ち込んでいくか、判断が求められた。特に、ニーズアセスメント（ニーズ評価）の専門家チーム派遣は、フィリピンでは初めての経験で、要請を取り付けた組織が、緊急援助の枠組みを超え、中長期的に復旧・復興を行っていくパートナーとなる。どの省庁から要請を取り付けるか？難しい判断であった。ニーズ調査ではセクターが特定できず、監督省庁からの要請が望ましいといえたが、国家経済開発庁の反応は鈍かった。他方、これまで信頼関係を築いており、特に同年10月にあったボホール地震対応でまさに復旧・復興事業で協力していた公共道路事業省大臣が迅速に対応し、同省から要請を取り付けた。

JICA事務所では、緊急援助隊の受け入れ準備と並行し、被災状況、支援ニーズ、フィリピン政府・他ドナーの動向などの情報把握が総動員で行われていた。先方政府、関係ドナー、在フィリピン日本国大使館、

---

6) ODAのうち、技術協力や無償資金協力の相手側監督機関。フィリピン国内の経済開発計画業務を担う。
7) ODAのうち、円借款の相手側監督機関。この台風ヨランダ支援についてのみ、大統領指示により、技術協力や無償資金協力も監督することになった。

JICA本部とのやり取りに加え、事務所には協力隊員の安否確認や現地の情報について、メディアからの問い合わせが殺到した。日系メディアの現地特派員に加え、すでに日本や近隣諸国から次々と報道関係者が送り込まれており、皆、情報を求めていた。鳴り続ける電話に、飛び交う声——事務所はまさに戦場と化した。

発揮された現場力

その中で、フィリピンで重要なツールである携帯電話のショートメッセージサービス（SMS）が最大限活用された。事務所長の佐々木の携帯電話には、主要大臣の携帯電話番号が並んでいた。現地要人との日ごろからの信頼関係構築は、有事の備えになる。火事場における先方政府高官とのやり取りは、秘書を通していてはらちが明かない。佐々木はSMSを活用して、大臣級とのやり取りを直接行った。同時に、事務所の次長や所員も、先方の次官や担当官とやはりSMSを活用して連絡し、本部のフィリピン担当部も遠隔操作で参画し、JICA総出での情報収集、分析、発信が続いた。

この戦場で、事務所は現場力を最大限活用した。フィリピンで活動していた専門家やコンサルタント、青年海外協力隊員などのJICA関係者を総動員したのだ。特にフィリピンの主要官庁には長年にわたって日本人専門家が派遣されており、今回の災害時にも、道路・橋梁、港湾、空港、保健医療などの分野を担う日本人専門家がフィリピン政府の中にいた。事務所は日本人専門家からの断片的な情報を集め、大災害の全容と支援ニーズの把握に取り組んだ。

そして、被災から3日後の11月12日、JICA事務所は「台風ヨランダ被災地への当面の支援に係る事務所意見具申」をJICA本部に発出した。緊急支援物資、無償資金協力、専門家チーム、支援の方針等、その後次々と展開されることとなるJICAの支援に関して、事務所の意見と方針を打ち出した。戦場と化した事務所だが、受け身になってはならない。事

務所の潜在力と現場力を全力で発揮すべく、これまでの協力の蓄積、緊急支援の経験、教訓そしてネットワークを最大限活用した。援助合戦に勝つためには、他のドナーができない、日本ならでは支援方針が必須なのだ。

　JICA本部では、11月13日、担当理事を対策本部長とした第一回台風ヨランダ災害対策本部会議が開かれた。幹部や関係部長が一堂に会し、今後の支援の方向性について議論をした。そこで、事務所からの意見具申についてもニーズアセスメントで活用していくことが確認された。こうして、本部と事務所の方針がすりあわせられ、これから続く一連の支援の幕があけた。

　同時に、この会議で、フィリピン担当部が「フィリピン側は以前よりも主体性が高くなっており、スキーム間の割り振り、セクター等については先方との調整が鍵になる」と発言。我々が直面する難しい調整についても、事務所と同じ問題意識を示した。

困難を極めた輸送ルートの確保

　緊急支援において、最も重要なことは何か。それは、ロジスティクスである。もともと軍用用語で「兵站(へいたん)」と訳されるが、作戦計画に従って兵器や兵員を確保・管理・補給するまでのすべての活動を指す。被災地支援をするためには、とにかくにも現地に人と物を迅速かつ安全に送る必要があった。今回の台風ヨランダ支援は、ロジスティクスの難易度が極めて高かった。被害が深刻だったレイテ・サマール州の高潮被害地域は、島嶼(とうしょ)地域であるがゆえに、周囲の都市からのアクセスが悪く、商用機が離着陸できる空港が一つしかなかった。タクロバン空港が致命的な被害を受けたのだ。商用機が着陸したのは被災から何日も経った後で、その後も1年近く、昼間のプロペラ機のみ発着可能という限定されたオペレーションしか行えなかった。海からのアクセスでは、タクロバン港があったが、小規模で大型船舶が着岸できず、港湾の施設や重機が被災し、港湾機能が

大幅に低下していた。

　マニラがあるルソン島から南下し、フェリーを乗り継ぎサマール島入りし、さらに数百km走ってレイテ島に入るルートはあったが、サマール島の道路の開通状態がわからず、マニラから丸2日かかることがネックだった。マニラから空路でレイテ島の横のパナイ島セブに入り、フェリーでレイテ島オルモック港に渡り、内陸横断するルートもあったが、サマール州と同じく、内陸の道路状況が確実ではなかった。

　もう一つ、安全の確保も重要な課題だ。貧困が蔓延するレイテ島・サマール島の新人民軍[8]の存在は誰もが認識している。さらに、途上国における大規模災害時には一般市民の略奪・暴動の可能性があった。

　どのルートで、どの交通手段で、確実かつ安全に現地に到達し、届けるか——。青年海外協力隊員の救出、緊急支援物資の輸送、6チームの緊急援助隊の派遣のすべてにおいて、ロジスティクスの実行が大きな難関となった。

　日本と同じ災害大国であるフィリピンにあるJICA事務所は、この点での経験が蓄積されていた。これまでも緊急支援物資輸送で苦労を共にしてきた現地日系輸送会社である日本通運株式会社に、迅速に物資輸送の準備着手を依頼していた。同時に、ロジスティクスを専門とする国際連合世界食糧計画（WFP）のロジスティクス・クラスター会議に参画し、情報収集に徹した。それでも、大量の物資に、大人数かつ複数回の緊急援助隊の派遣は困難を極めた。

　他方、安全確保については、フィリピン国家警察への長年の協力が功を奏した。JICAプロジェクトのカウンターパートで、かつ、日本国内研修にも参加したことがあるモンテグド大将が災害対策本部を指揮しており、大

---

8) 新人民軍（New Peoples Army, 通称NPA）。フィリピン共産党の軍事組織としてフィリピンの軍隊・警察・インフラ・企業に対する武力攻撃を繰り返している。フィリピン政府軍は掃討戦を継続しているが、海外のテロ支援国家の支援を受けるNPAを完全制圧することは難しく、武力行使は継続中である。

将以外にも3名のカウンターパートが初動オペレーションで現地に派遣されていた。JICA事務所のベテラン所員が、以前警察の案件を担当していたこともあり、ネットワークを最大限活用し、国家警察と直接交渉を進めることができた。しかし、被災地の警官も被災しており、そもそも絶対的な人数が足りなかった。それでも、その後続々と現地入りするJICAチームには、周辺地域から動員された武装警官が必ず随行する約束を取り付けた。また、ミンダナオの紛争問題もあり、事務所は安全対策コンサルタント会社と契約していた。そのコンサルタントに被災地の治安情報提供や、一連のJICAチームの現地入りの同行を依頼した。

三次にわたる医療チーム派遣

ロジスティクスの確保と並行して医療チームが結成された。JICA事務所元次長でフィリピン通、かつ、複数回の緊急援助隊参加の経験がある

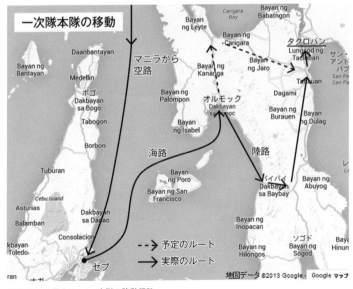

困難を極めた医療チーム一次隊の移動経路

緊急援助ベテランの岩上憲三を団長とした一団は、医師、看護師、医療関係者等27名で構成され、11日マニラに到着。12日には隣の島のセブまで移動した。

現地のロジスティクスと安全確保に懸念があり、人員に加えて医療器材やテント、食料や燃料を抱える大所帯のチーム移動は困難と判断されたため、先遣隊3名が空路で12日にタクロバン入りをした。「これまで数々の地震・津波による被災地を見てきたが、今回は沿岸部のみならず、台風の中心が通過した内陸部に至るまで壊滅的な被害を受けており、見たことのない光景が広がっていた」と、岩上は小型機の窓から被災地を見おろした感想を述べている。先遣隊が現地での基盤づくりに励む中、残った本体はセブ島からフェリーでレイテ島西側のオルモック港に移動し、そこから内陸移動を試みた。しかし、移動の最中、タクロバンに向かう道路で銃撃戦が発生していると、他の車が次々と戻ってきた。街中で略奪行為や発砲事件が発生していることは確認しており、普段は山中に潜む新人民軍も食料確保のため、平地に降りてきているとの情報もある。断腸の思いで、本体チームは留まることを決めた。数十kmもいかない先に極限の状態

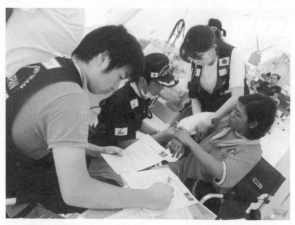

現地で活動する医療チーム

で支援を必要とする人々がいて、支援ができる自分たちがいるのに、その場所に到達できないもどかしさがあった。

翌日、まずは同行の警察官のみ先にタクロバンに向かい、安全を確認したのち、本隊がタクロバン入りした。そして15日、本格医療活動が開始された。医療施設は損傷が激しく、市内中心部のリサール公園を活動拠点とし、テントを張った。日中、テントの中は40度を超え、夜も個人用テントで寝る過酷な状況だった。その苦労の価値は十分あるほど、多くの患者がテントを訪れた。携帯用X線撮影装置と超音波診断装置を導入しており、他の援助チームなどから患者が搬送されてくることもあった。また、久保達彦医師は、タクロバンで毎日開催されていた医療支援調整会議において、世界保健機関（WHO）とフィリピン政府が協力して開発した「SPEED」という災害時用の診療実績報告様式の活用を提案した。この提案は調整会議の議長を務める保健省関係者によって即座に承認され、翌日以降、統一された報告様式をすべての医療チームが利用することで、ポリオの一部地域における流行の察知や被災地域の医療全体動向の把握が可能になった。活躍したのは日本人だけではない。通訳やJICA事務所

日本の援助で建設され、1973年に完成したサン・ファニーコ橋

スタッフ、運転手、セキュリティーオフィサーなど、フィリピン人も汗水ながして大活躍した。いつしか、国際緊急援助隊医療チームはJDR（Japan Disaster Relief Team）ではなく、Philippinesを先頭につけたPJDRと呼ばれるようになっていた。

　一次隊は、被災した医師が1人で奮闘していたサマール島のバセイの地域病院の要請を受け、この病院に4〜5人の小チームを日参させて救援活動を行った。戦後、日本の援助（戦後補償）で建設された日本とフィリピンの友好の橋であるサン・ファニーコ橋を、医療チームが通い詰め、日比間の友好をさらに深めることとなった。一次隊は、11月15日から21日までの間に約1,000人の患者を診療し、帰途についた。

PJDRのメンバー

　その後、現地のニーズが引き続き高いとの判断から、二次隊、三次隊と派遣が続いた。三次隊は、医療支援が行き届いていなかった村落まで巡回診療を行った。三次隊には東日本大震災で医療支援経験を有する医療関係者もおり、外傷患者だけではなく、避難者などに対する公衆衛生や心の問題にも対応した。東北大学病院に勤務していた山内聡医師は、「同僚からも『ぜひ東日本大震災の恩返しをしてきてくれ』と託され、自分もその思いできた」という。また、別の感染症のプロジェクト専門家として現地にいた東北大学の教授やレイテで被災した看護資格を有する協力

隊員とも連携し、東北の経験の活用として検査機材のグレードアップと患者の心に寄り添う診療など、日本ならではのきめ細かい支援が展開された。

医療チームは12月12日の三次隊引上げまでの32日間の派遣で、合計3,297名の患者を診療した。

> **コラム　台風ヨランダの経験から生まれた「J-SPEED」**
>
> 台風ヨランダでのSPEED活用の経験を踏まえて、その後、SPEEDを基にした日本版SPEEDとして、災害時診療概況報告システムである「J-SPEED」が開発された[9]。これは、2016年の熊本地震で試験的に導入され、さらにSPEEDを改良したアプリを民間企業が開発。JICAの民間連携制度を活用した「iSPEED緊急医療支援システム普及促進事業」として、フィリピン保健省でのアプリを活用した実証実験が行われている。ヨランダの経験を経て、日本に導入されたものが改良のうえフィリピンへ逆輸入され、さらに国際標準化にも貢献しつつあるという両国間の学びと知見・技術の共有の好例である[10]。
>
>
>
> 診察する医療チーム

---

9) http://plaza.umin.ac.jp/GHDNet/circle/15/za304.pdf
10) https://www.jica.go.jp/information/jdrt/2016/20170209.html

現地の人が使えるものを直接届ける

「JICA関係者総動員で、人々の手まで運ぶ！」——2012年の台風センドンや2013年のボホール地震対応の教訓から、佐々木には物資支援における確固たるポリシーがあった。台風センドンの際には、佐々木自身がミンダナオ島の被災地に入り、バイクの後ろに何時間も乗り、川を渡り山道を進み、援助を必要とするバランガイまで届けた。主要都市や主要幹線道路沿いに物資を供与することは、プレゼンス（存在感）を示す意味でも重要で、多くのドナーや政府機関がこれに取り組む。同時に、援助機関として、支援が行き届かない山奥など僻地のコミュニティに物資を届けることの重要性を自ら学んだ。台風ヨランダの時には、事務所が直接物資配布をすることは、確かな事務所の方針として定着していた。

被災地に到着した緊急物資をトラックから降ろす

ただし、JICAの緊急支援物資の原則では、物資が届いた空港や港、あるいは近くの倉庫で先方政府に引き渡される。しかしながら、途上国の実態として、特に地方における配布では、先方政府によるロジスティクスの調整は限定的で、交通アクセスのよいところで物資が山積みになることもある。また、政治・社会構造から、自治体に渡した場合も、平等な物

資の配分は期待できないことがあった。今回の被災地のように、壊滅的な被害を受け、略奪が発生し、ロジスティクス環境が非常に劣悪で、かつ、自治体の機能が大幅に低下している場合、適切な配布が困難なことは目に見えていた。こうした場合、支援対象をバランガイまで特定し、そこまでの輸送手段をJICAが確保することが、むしろ、物資の適切かつタイムリーな配布という観点では効果・効率的であった。

「人々の手まで直接運ぶ」に加え、JICA事務所にはもう一つの方針があった。「現地の人が使えるものを用意する」である。今回対応できた支援物資のパッケージング化は、2011年12月の台風センドンにおける緊急支援時の教訓だった。パッケージングとして、被災した各家庭には家庭用ブルーシート・マット・水を、コミュニティ用には発電機や浄水器等のセットを用意した。また、できる限り配布しやすく使いやすいものを優先し、そのために、事前に物資にひと手間をかけた。例えば、現地でターポリンと呼ばれるブルーシートは屋根や壁が吹き飛んだ家屋が多い今回のような被災地では非常に有効だ。ただし、ブルーシートが何十メートルも巻かれた筒の状態で供与した場合、被災地の関係者が現地でその長さを計り、はさみやカッターで切り、平等に配布する余力はなく、倉庫に眠る恐れがある。また、シートを活用するためのハサミ・釘・紐も必要だ。JICAが通常備蓄

ブルーシートを運び出すスタッフ

緊急援助物資を届けたJICA事務所員たち

しているのは筒状のターポリンのため、今回輸送拠点のマニラやセブでハサミや釘・ハンマーを梱包に含めた。

　緊急支援輸送業務をこれまで委託してきた日通とは、お互いギリギリの状態で物資の支援を行ってきた。目指すところを追求し、変則的な対応を依頼するJICAと、ビジネスでありつつも緊急支援ということでできる限り柔軟に業務を遂行する日通。双方担当者は日夜・週末問わず、ロジスティクスの確保と使いやすい物資セット作りに挑戦した。特に今回はトラックや運転手、フェリーチケットの確保や、燃料、食料品、支援物資の水の調達をマニラで行うことは非効率だったが、セブに支店をもつ日通ならではで、被災地に近いセブで手配を進められた。しかし、被災地に近いがゆえ、物品の調達は容易ではない。特に、現地のニーズに応えるべく調達を依頼した水のペットボトル7万本は業者調達が間に合わず、日通セブの職員自ら、スーパーやコンビニを走り回ってかき集めた。また、被災地への物資配布にも同行した。

　テント500帳、ブルーシート620巻、寝袋2,000枚、浄水器20台、発電機20台、水ペットボトル7万本の6,000万円相当の物資が何手かに分かれてマニラに到着した。すでにセブには他国からの援助物資が積み上がり、倉庫さえ確保が難しい状況であった。日通のセブ支店と連携し、一旦セブに荷物を送り、パッケージング化し、ローロー船[11]でオルモック港まで送った。

ブルーシートやテントに感謝の声

　活動に参加したい事務所員は、フィリピン人にも日本人にもたくさんいた。荷物とともに、JICA事務所員複数名が被災地にのりこんだ。緊急支援は復旧・復興につながる最初の入り口であり、そのあとの道を切り開く必要がある。

　佐々木自らも、飛行機でセブに飛び、物資と一緒にフェリーとトラックを乗

---

11) フェリーのようにランプを備え、トレーラーなどの車両を収納する車両甲板を持つ貨物船のこと。

り継ぎ、タクロバン市に入った。現地には、ロハス地方自治大臣やソリマン社会福祉大臣がおり、ドナーの現地代表の中で一番早く現地入りした彼を出迎えてくれた。

　フィリピン人スタッフを動員する際には、レイテやサマール島出身のフィリピン人所員を募った。土地勘や現地語が有用だからだ。ローナもその一人だった。サマール島出身で、現地には連絡のつかない親戚もいた。サマール島の先端、ギアンまでの道中、水や食料を求める子供たちが道端に並んでいた。同行した日本人所員と共に、ローナは自分たちの食料を分け与えた。親戚とは何年も会っておらず住所がわからなかったが、ローナの名前をきいて親戚が現れた。新生児を抱えていた親戚の家は、屋根が飛んでおり、雨風がしのげない。自分たちが運んだ物資にはブルーシートがある。でも、公私混同はできない。ローナは配布を担当する職員に、生まれたばかりの子がいる家庭があるとだけ伝え、後ろ髪をひかれる思いでサマールを去った。JICAのブルーシートが屋根替わりになって助かったとその親戚から聞いたのは、しばらくしてからだった。

配給されたブルーシートを屋根に使用

高潮被害が大きかった沿岸地域

　この物資配布のために、事務所員はオルモック市からタクロバン市、さらにはギアン町まで、200km以上移動した。車窓からの光景は衝撃的だった。道路周辺の家屋のほとんどが全壊半壊の状況で、ココナッツの木が

根こそぎではなく、真ん中で折れて上部が吹き飛んでいるものも多く、いかに強い風であったかを語っていた。

タクロバン市、パロ町、タナウアン町のレイテ島東部の海岸部はまさに東日本大震災による津波の後のように、道路際にがれきが積み上がり、強風と高潮による被害で建物が全壊、半壊の状況で、一部はがれきの山と区別がつかない状況であった。

現地では、ブルーシートの切り方やテントの立て方までデモンストレーションした。所員は、がれきの中で人々から、「JICAのブルーシートやテントで雨、風がしのげる」という感謝の声を多く聞いた。また、きめ細やかな気配りで含めた釘やハンマーなどは、その後も廃材を使った家の再建などに有効活用されたという。

佐々木は、広報担当のフィリピン人所員も同行させた。広報担当者が被災地を、そして、JICAの支援を直接見ることで、その後の一連の広報活動の質も高まった。それでも、残念ながら倉庫に残ってしまった物資もあった。次の緊急支援の教訓へつなげるため、事務所から物資のフォローアップ調査団を翌年、2年後と現地へ派遣した。その結果、大きな地方自治体に供与した物資のわずかだが一部が倉庫に残っており、他方、バランガイまで届けたものはほぼすべて使われていたことがわかった。物資支援に参加したJICA事務所員全員が、バランガイレベルまで届けることの重要性を改めて認識し、配布に従事できたことを誇りに思い、「次の機会があれば参加したい」と言った。

また、今回改めて学んだこととして、備蓄倉庫の管理方法がある。これまでは、緊急支援物資供与のたびに、シンガポールやそのほか世界に複数ある備蓄倉庫の在庫を確認し、そこからの輸送手段を確保することに追われた。災害が頻発するフィリピンのような国には、支援物資の在庫を置き、分散備蓄をすることも検討すべきだろう。最後の教訓は、ODAやJICAマークの改善だ。被災地の人々だけではなく、フィリピンの中央政府

関係者や、他のドナーなどに、しっかり日本が支援していることを示すことは重要だ。ブルーシート1枚とっても、それは、日本とフィリピンの友好の証である。日本の物資は質が良いと被災者から感謝される代物だけに、目を引きやすく大きめの日本の支援とわかるマークをつけることが望まれる。他の援助機関との比較では改善の余地はまだまだあるだろう。

20名の緊急援助隊専門家チーム現地入り

　11月26日、待ちに待った現地の被災・ニーズ評価を担う専門家チームの一次隊がタクロバンに到着した。一次隊は、JICAの岩間敏之、室岡直道、客員専門員の竹谷公男、国土交通省、水資源機構などの人員で構成されており、12月19日まで滞在した二次隊も含めると、述べ20名の専門家が日本から派遣されたことになる。中でも室岡は、緊急開発調査を立ち上げ、その後復旧・復興支援プロジェクトが終わるまでの4年近く台風ヨランダ災害復旧・復興支援を担当することになった。そこにJICA事務所から佐々木、複数名の所員、さらには実施中案件の専門家医師やコンサルタントも合流した。今回のような大災害における復旧・復興支援のニーズは莫大だ。どこで何をするのかの判断は、客観的なアセスメントに基づくべきである。とはいえ、人道支援が展開されている最中の被災地で、復興の足掛かりとなる情報収集活動は限定的となる。そのため、JICA本部と現場の知見や経験を集結させ、科学的、技術的、そして直感的に支援のニーズを嗅ぎ取り、意見を出し合い、協議を重ね、復興支援への道筋をつけることになった。

　電気、水、食料が限定的な環境での深夜に及ぶ熱い議論は、時として、喧々諤々の言い争いになったが、団長の岩間のリーダーシップの下、専門家チームの専門的な知見、調査の客観的な分析、事務所の経験則と現場力のベストミックスが模索された。今回の支援で、専門家チームでは先方政府の中心に公共事業道路省を据えることで話が進んでいた。現地で指揮を陣取る同省のモモ次官と面談し、まずは現場を見て回った。また

今回は、緊急援助隊の専門家チームとしては初めて日本の自衛隊と連携。自衛隊のヘリコプターに搭乗し、上空から被災状況を確認することができた。

実際には、専門家チーム派遣前に、JICA支援の大枠の方向性は固まっていた。事務所としては、12日の本部向け意見具申で、施設の強靭化のような日本の知見を活用した災害リスク管理分野への支援を提案していた。さらに事務所は、20日には「現地視察結果を踏まえた今後の支援の在り方」を2回目の意見具申として発信。そこでは、復旧・復興計画、電気・水道等の生活インフラ、感染症対策および公衆衛生をニーズの高い分野として示した。また、専門家チームには、日本の大震災直後の平常化や復旧活動における従事経験を有する者、また、感染症対策については既往科学技術協力の専門家[12]の派遣を提案した。さらに、仙台市、釜石市、南三陸町等の復興計画におけるゾーニングの考え方などのノウハウを提供することが極めて有効との意見も出した。本部でも専門家チームの調査が始まるまで対策本部会議が3回開催され、議論が重ねられていた。そして、大枠の方向性として、フィリピン政府が復旧・復興政策で取り入れた「Build Back Better（復旧を超えた災害に強い復興）」という考え方も、我が国の復興経験と技術の活用が合意されていた。

これらの方針に沿って、一次隊の調査において、JICAの支援対象を高潮被害が深刻なレイテ州のレイテ湾沿いとサマール州のレイテ湾沿いの18市町村に絞り込んだ。被災前の全人口は696,000人で、このうち、レイテ州都のタクロバン市の人口が221,000人と3分の1を占める。東日本大震災の津波被害や伊勢湾台風の高潮被害からの復興経験を最大限生かすことができる地域だ。

同時に、このサイト選定と並行して、別の観点で慎重な議論と根回しがなされていた。

---

12) レプトスピラ症の予防対策と診断技術の開発プロジェクト（九州大学）、小児呼吸器感染症の病因解析・疫学に基づく予防・制御に関する研究プロジェクト（東北大学）。

プロジェクト支援対象地域

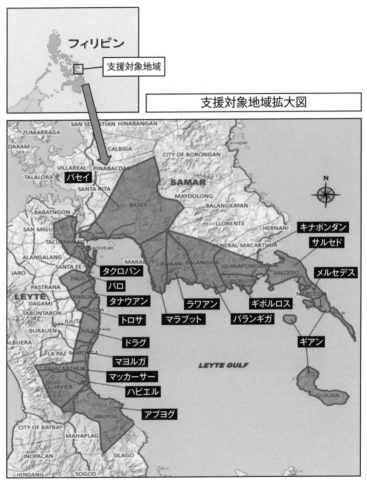

屋根もない、家もない、でも、希望を胸に

　レイテ州とサマール州にはフィリピンならではの政治的な複雑さと繊細さがある。特にタクロバン市には故マルコス元大統領夫人の生家があり、夫

人の縁戚であるタクロバン市のロマオルデス市長は当時のアキノ政権の政敵であった。他方、タクロバン市に隣接するパロ町はアキノ政権派のペティリヤ一族が押さえていた。ペティリヤ町長は70代の女性とは思えないほど凛として、町政を仕切っており、長男はエネルギー大臣、次男はレイテ州知事で、タクロバン市長派とは対立構造になっていた。復旧・復興支援には、中央政府と地方政府の両者のリーダーシップと協働が必須である。我々援助機関は、タクロバン市を支援対象地に含むか否か、フィリピン側の政治的駆け引きを冷静に見極める必要があった。

被災後のタクロバン市の市場

レイテ・サマール州においてタクロバン市は唯一の「市」であり、人口や経済活動規模で群を抜き、それゆえ被災規模も突出して大きかった。JICAとして支援の必要性とインパクトを考えた場合、タクロバン市も支援対象としたい。佐々木はまずシンソン公共道路事業大臣に相談をした。しかし、中央政府を批判する傾向が強く、連携に協力的ではないタクロバン市長をよく知る大臣は、支援の実効性に疑問を持ち、慎重な答えを返した。そこで、佐々木は市町村を管轄するロハス地方自治大臣に助言を求めた。ロハス大臣は、日本の復興経験をタクロバン市にもぜひ活用してほ

しいとの意向をアキノ大統領に話し、JICAのタクロバン支援の方向性が固まった。

　この調査と並行して、日本政府として、被災地向けに46億円の無償資金協力を実施する方針が固まりつつあった。その案件形成も含め、台風ヨランダ災害緊急復旧・復興支援プロジェクトでは、1）科学的に裏打ちされたハザードマップを用いた復旧・復興計画の策定支援、2）無償資金協力事業で実施する事業の選定および設計、3）地域の早期復旧・復興に寄与するクイック・インパクト・プロジェクト（QIPS）の計画・実施という3本柱が立てられた。

　一次隊は12月2日にフィリピン入りしたJICA本部からの専門家チーム二次隊にバトンタッチをし、帰路についた。室岡は、帰国後も休む間もなく支援計画の確定とコンサルタント調達の手続きに入った。緊急支援の一環であっても、JICA事業である限り、調達ルールに基づいて対応せざるを得ない。"ファストトラック"と呼ばれる最短・最速で手続きを進めても、コンサルタント公示からコンサルタント選定、契約、そして派遣まで2カ月はかかる。現地の惨状と支援ニーズを目の当たりにした室岡は、終電の毎日を送った。

　他方、それまで事務所で様々な調整業務を担っていた見宮は12月半ばに専門家チーム二次隊として現地に入り、やっと自分の目で実情を確かめることができた。全壊した家々、がれきの山、折れた電柱やココナッツの木々は衝撃的だった。なによりも、停電が続く州都の真っ暗で静寂な夜がこたえた。このころ、パロ町長の長男のペティリヤエネルギー大臣が「クリスマスまでに被災地の電力を復旧させる。さもなければ、辞任する」と宣言した。それほど、電力の復旧は日常生活の平常化にかかせないものだった。ところが百聞は一見にしかずで、昼間の被災地はエネルギーに満ち満ちていた。多くの命を奪った海のすぐそばではすでにテント生活を送る人々がいて、道端では子供たちが元気に遊んでいる。そして、被災した教室の黒板には、「Roofless, homeless, but not hopeless（屋根もない、

家もない、でも希望はある)」というメッセージが。見宮はフィリピンの人たちの力強さを感じ、むしろ励まされる思いがした。

メッセージが残っていた教室の黒板（被災した校舎で）　がれきの寄せ集め教室で学ぶ子供たち

第3章

Build Back Better
―復旧を超えた災害に強い復興を―

Build Back Better ―復旧を超えた災害に強い復興を―

熾烈な援助合戦を勝ち抜くには、できるだけ早く、JICAの方針を先方政府に打ち込む必要があった。時間との戦いである。マニラ行の飛行機を待っていた専門家チームの復興計画担当の竹谷は、壁のないタクロバン空港のコンクリート床の上に座りこみ、翌日の公共事業道路省シンソン大臣らとの復興協議に向け、復興思想説明資料の作成に没頭した。

12月4日、専門家チームはシンソン大臣と協議を行った。竹谷はタクロバン空港で作成したNo Build Zone[13]やControl Zone[14]などの土地利用のコンセプトと概念を提示した。シンソン大臣はその場で、その図を大統領に提示して政府の方針を決める、と決断した。この時の竹谷が作成した概念図が追ってラクソン大統領補佐官やロハス大臣など、復興関係政府幹部に配られることとなった。

12月18日、アキノ大統領自らが出席する大規模なドナー会合が開催され、フィリピンに拠点を置くほとんどの外交団、援助機関、政府関係者が集合した。席が限られる中、日本代表として大使館とともに、JICAから佐々木事務所長、JICA本部の岩間、竹谷が参加した。この日は、ドナー間で事前にささやかれていたPledge会合（それぞれの国や機関が援助を表明すること）にはならず、フィリピン政府から国家経済開発庁主導で作成された復旧・復興計画指針（RAY）が発表され、今後、災害後復興ニーズ評価調査（PDNA）を進めていくことが表明された。

各ドナーからは代表者1名のみがマイクの置かれたテーブルに着く。ここで、竹谷の発言が脚光を浴びた。「防災分野への1ドルの投資が、7ドルの災害対応コストの削減につながる」とわかりやすく説明し、JICAが今回のヨランダ復興支援の基本コンセプトとして強調した「Build Back Better

---

13) フィリピン関係省が合同で発令した政策。人々の安全と人命の保護のために、特に台風ヨランダ被災地域に対して、海岸から40m以内での個人住宅建設を禁止した。
14) 防災および減災のため、空間および地域利用を規制すること。

（復旧を超えた、災害に強い復興）」すなわちただ単に台風前の状態に復旧するのではなく、この機会に最善の防災投資を行うことで国の発展の基盤を築くことの重要性を訴えたのだ。また、その考え方について、日本の経験と技術に基づいた説明をした。

竹谷は民間コンサルタントとして何十年もの経験を有し、数々の災害復旧・復興現場の最前線に携わってきた。アジア開発銀行勤務の経験もあり、災害から間もない、途上国政府の意識が高い時に防災への投資を打ち込まないと、のど元過ぎれば熱さは忘れ去られてしまうことを竹谷は知っていた。各ドナーが支援金額の多寡を競う発言を繰り返す中、JICAは復興そのものが最も重要であり、その復興の方針に基づいた復興支援を打ち込んだ。すると、それまで各ドナーの支援コミットメントを順番に聞くだけだったフィリピン側も、この竹谷の発言に対して強い賛同を繰り返し述べた。「フィリピンの困難な課題にチャレンジする意志がある」「大統領のリーダーシップでそれを達成する」と、外務大臣、財務大臣、公共事業道路シンソン大臣らがこの復興思想に強く反応した。こうして復興事業におけるJICAのプレゼンスは一層高まった。

「Build Back Better」の考え方は、台風ヨランダ襲来の前月に発生したボホール大震災の時から頻繁に使われていたが、台風ヨランダ復旧・復興政策でスローガンのようにフィリピンで広く使われるようになった。その後、2015年3月に仙台で開催された第3回国連防災会議では、フィリピン政府と日本政府が協力して国連仙台枠組み文書の柱として「Build Back Better」を組み入れることとなった。

復旧・復興支援においては、熾烈な援助合戦が展開される。JICAとして、日本として、日本国民の税金を使って支援を実施するにあたって、しっかりとそのプレゼンスと価値を示すことが重要だ。今回の会議のみならず、被災直後から、首都でのドナー会合、閣僚級会議、現地での協議などの場で、先方政府に一貫して日本の支援方針とその意義、価値を継

続的に発信し、具体的な提案を打ち込んでいった点で、日本のプレゼンスは確実に示されていた。

「しっかり、拍手してもらったよ」。ドナー会合後の竹谷は茶目っ気たっぷりの笑顔で見宮に報告してくれた。笑顔は、彼がプロフェッショナルな仕事を成し遂げたことを語っていた。あとは、支援の実施だ。JICAの復旧・復興支援のスタートラインが見えた瞬間だった。

設計通り施工できない

「日本が建てた小学校の屋根は飛ばない」。

被災地において何度も聞いた言葉だ。超大型台風ヨランダによって、観測レーダー塔など、日本が過去に支援したインフラ施設にも被害が及んだ。しかし、無償資金協力によって建設された小学校教室で屋根が飛んだものはなかった。

JICAは東ビサヤ地域で長年にわたって学校建設を支援しており、無償資金協力で建設された小学校は約100校にのぼる。特に、今回の被災地に建設された学校は、1980年代に多発した台風被害を踏まえて建設されたもので、災害に強い構造が売りで、素材や工法に工夫が施されていた。Region 8の教育省地域事務所長は、「日本のODAによる小学校建設はコストが高いし、建設に時間がかかる。でも、その価値があることが改めて今回の台風で認識された」と評価した。

この教訓を生かすべく、佐々木はすぐさま教育分野担当所員伊月温子らを現地調査に出し、レイテ州やサマール州で約20校の現地視察を行った。その結果、ドアノブや鎧戸、天井仕上げ材などに損傷を受けているだけで、壁や屋根など建物そのものへの被害はほとんど確認されなかった。学校によっては、ほとんどの教室の屋根が飛び、壁が壊れ、そこに避難していた地元の人たちが二次被害にあう中、日本が建てた校舎のみ屋根が残っており、避難民が寝泊りできて重宝されていた。耐久性に優

れた材料の使用、屋根の固定の強化策など、建造物の強靭性を高めた技術的な理由が確認されたが、一番の理由は、「建設時にきちんとモニタリングをし、求められた基準のものを作るという、日本のモノづくりに対する姿勢だ」と、調査した伊月は語った。

台風でも無事だった日本の無償資金協力により建設された小学校(サマール州)　同じ敷地内で完全に崩壊した他の校舎

　佐々木は、2013年10月のボホール地震の後、耐震性の建造物について協力していたシンソン公共事業大臣にこの調査を報告した。前後して、アキノ大統領からシンソン大臣に対して、今後の復興計画策定に向けて、耐風性の強い小学校の標準設計図・仕様書を早急に作成するように指示が入っていた。大臣と佐々木の問題意識が瞬時に合致した。日本とフィリピン両国でボホール地震の教訓が蓄積されつつあり、また、そのボホール地震の支援の経験のあるJICA専門員の楢府龍雄の協力を得ることができたことから、日本の技術と知見に基づいた助言ができると、佐々木は確信していた。シンソン大臣との会議後、1980年代の小学校建設を受注した設計会社とJICAフィリピン事務所で契約を結び、構造物調査を行い、現地仕様との違いを明らかにした。

　改めて判明したのは、強靭性に貢献したのは特殊な材料ではなく、やはり、施工や施工監理の違いだった。屋根が適切にアンカーで取り付けられているか、ブロックの品質が確保されているか(現地仕様ではセメント

不足)、材料の品質検査が行われているか、材料が適切なスケールか、等であった。ここで難題が立ちはだかった。強靱性確保が仕様の問題であれば、しかるべく仕様書の基準を設定すればよい。しかし、このような施工や施工監理はいくら紙に落としても、実際の施工や施工監理の段階で確認されなければ意味がない。つまり、設計通りに施工ができないことがフィリピンの課題だった。施主となる公共道路事業者などの行政側だけではなく、施工業者、製品生産工場や供給会社の意識改革が必須である。そして、モノづくりへの姿勢の浸透は、マニュアル化や一朝一夕で改善できるものではなかった。この調査結果を、基準作成に取り組むシンソン大臣に早急に伝え、復興支援に生かすことが肝要だったが、時はすでに12月半ばを過ぎようとしていた。

設計・施工監理マニュアル改善案の提示

フィリピンではクリスマス休暇は特別だ。berが首尾につく月(Septem-ber, Octo-ber, Novem-ber, Decem-ber)はクリスマスといわれ、9月から町はクリスマス飾りでにぎわう。台風ヨランダ災害によって、派手なお祭りさわぎは自粛も見られたが、それでもマニラはクリスマスムード一色となった。そんなフィリピン人が楽しみにするクリスマス前夜の12月24日、JICAとシンソン大臣との会議がセットされた。

汚職まみれで、毎年ワースト10の省庁に名を連ねていた公共道路事業省だったが、シンソン大臣の代になってベスト10に急浮上した。言葉数は多くなく、派手なパフォーマンスも発言も一切ないシンソンだが、その信望は厚い。大臣の復興への強い意志と努力、そして、技術者として求める成果には揺るぎないものがあった。被災前からJICA事業の最大の理解者であり、公共事業の質を求め、人材育成を考えていく同志でもあった。会議に向け、23日には専門員の竹谷と栖府がマニラに入った。

24日のシンソン大臣との面談では、公共道路事業省が発注して作成さ

れた設計図に対して、JICAが提示した技術的な見解を入れ込むよう要請があった。しかも、安価な国内資材のみを使う、という条件付きだった。しかし、大臣の口から同時に「JICAで、海外から素材を輸入して、施工してほしい」との要請も出た。その背景には、膨大な量の復旧・復興事業に直面し、国内における資材とコントラクター（事業の受注業者）が不足するという、復旧・復興時共通の事情があった。中長期的視点の対応と目先のニーズへの対応、その両方をなんとか実施したいという大臣の焦りが垣間見えた。

設計図だけでは設計通り作成される担保がないため、設計図完成の数カ月後には、あらためて大臣から施工管理用マニュアル作成を依頼された。「Build Back Better」に基づく基準とマニュアルが設定され、施工と施工監理の問題意識が広まれば、台風ヨランダ被災地のみならずフィリピン全土の建造物の強靭化につながる。

災害は、よりよい社会を構築するチャンスだ。JICA事務所は、楢府専門員などの協力を中心に、1980年代に無償資金協力の施工を請け負った現地業者と契約し現地調査をかけた。そして、2カ月後には設計と施工管理マニュアルの改善案を提示した。実は、後に緊急復旧・復興支援プロジェクトの活動でもこの課題に取り組むことになる。この面談を最後に、ほんのひととき事務所に静寂が戻った。

現地に拠点や人がいたなら…

台風ヨランダ支援については、緊急援助から復旧・復興支援へのシームレス（継ぎ目のない）な支援と評価されることが多い。国際協力においては、復旧事業と復興事業の内容が異なることから、協力を実施する組織が異なることが多い。そのため、復旧と復興の間が時間的にあいてしまう、あるいは、復旧から復興事業への内容の一貫性や発展性が不十分となる問題がある。その継ぎ目をなくす支援をJICAは目指していた。確か

に、被災直後から可能な限りの制度を活用して、あの手この手で現地への支援と調査を実施した。

例えば、12月12日の医療チーム三次隊の帰国後と同時期、保健医療分野における既存事業枠内での復興支援を検討するため、本部と事務所が連携して現地調査を行っている。JICAの他、現地での経験がある結核予防会と東北大学が参団し、今後支援が必要な分野や施設の調査をした。この結果は、その後のフォローアップ事業や緊急復旧・復興支援プロジェクトに生かされた。ただ、これら一連の支援は、シームレスというより、スピード感をもってニーズに応える支援の連続展開といったほうが実態に即している。

では、JICAとして、緊急支援から復旧・復興へのシームレスな支援体制が十分構築されていたかというと、まだまだ改善の余地があった。首都にはJICA事務所があり、事務所全体でそのようなニーズや要請、問題にアンテナを張ることができる。他方、現地には、そのような拠点や人がいないままだった。ワン・ストップ・サービスのように現地に窓口があり、現地からの相談がいつでも受けられ、現地の情報とニーズをつなぐ拠点があれば、支援はより効率的で、何より被災地との信頼関係構築が早期になされただろう。

見宮は、例年通りのクリスマスムードのマニラに身をおき、緊急支援に重要な感性と緊張感が鈍る危機感を感じていた。真の意味でのシームレスな支援は、現地に要員がいて、刻々とかわる現地のニーズや課題を把握し、柔軟かつ迅速に対応していくことではないだろうか。大多数の被災者は、クリスマスや年末年始関係なく生活確保に翻弄し、日々の糧を求めていた。

国連機関を中心とした緊急人道支援は、年末年始に関係なく展開されていた。特に復旧事業の実施と、被災者の生計確保の両方を兼ね備え

たCash for Work[15]が大々的に展開され、国際連合開発計画（UNDP）によるがれき処理作業も進んでいた。UNDPが供与するロゴ入りのオレンジTシャツを着た作業員みんなが、広告塔になって大きなプレゼンスを示していた。国連機関から現地オペレーションのトップとして派遣される人材は、海千山千の緊急事業を経験していた。なかには、現地調達については1,000万円まで自由裁量で執行できる権限を授与する組織もあった。日々変化する被災地の状況とニーズを敏感に嗅ぎ取り、必要な対応を必要なタイミングで実施する。このような形の対応の強化をJICAでできないだろうかと、見宮は考えたのである。

実は、JICA事務所からの11月20日の意見具申では、「フィールド事務所の設営」を提案していた。「事務所車両（4駆）の搬送、要員の定期的派遣も検討、緊急援助隊のロジスティクスをシームレスに引き継ぐことが必要。実現する場合には、本部からの要員の派遣も検討願いたい」としたが、残念ながら実現に至らなかった。医療チームの派遣が三次隊まで及び、12月半ばまで現地にJICA関係者がいたこと、また、1月には3日から楢府専門員の調査や後述の東松島市関係者を含む出張者とセミナーが予定されており、JICAとしてはシームレスな投入を準備してはいた。ただ、その後長く復興支援を担当した見宮としては、「人道、緊急、復旧と継ぎ目なく支援を展開するためには、現地に駐在する人が重要だった」と痛感している。特に、その後の復興支援のカウンターパートとなる被災自治体は、多くのドナーを相手にする余力がない。いつでも相談でき、頼れる援助機関としてJICAがいち早く認知され、浸透することが肝要だ。今回はこの作業が後手に回り、その後の緊急復旧・復興支援プロジェクトで苦汁をなめることになった。

15）キャッシュ・フォー・ワーク：災害地等において被災者を復興事業に雇用し、賃金を支払うことで、被災地の円滑な経済復興と、被災者の自立支援につなげる、国際協力の手法。
http://partner.jica.go.jp/InterviewDetail?id=a1A10000001R2H0EA0

災害が発生してからでは遅い

　現場レベルへの投入という意味では、前述意見具申で、「ニーズアセスメントと並行し、当事務所ナショナルスタッフを各自治体に派遣し、きめの細かいニーズを把握し、体制を確保する」ことも提案していた。

　日本の復興事業では、他の地方自治体から被災地方自治体に職員が派遣されている。東日本大震災では、被災地方公共団体への地方公務員の派遣が被災直後から始まり、被災から約4年後でも2,000名以上が派遣された[16]。被災で地方自治体のキャパシティが格段に低下しているところに、人道・緊急支援の調整、復旧・復興事業の企画立案、予算確保、事業実施の業務がのしかかる。東松島市の高橋宗也復興政策課長いわく、「支援要員なしでは、地方自治体の業務は成り立たない」状況なのだ。JICAの被災地拠点づくりが無理な場合、例えば、主な支援先となる自治体にJICA事務所のナショナルスタッフを送りこむという手段がある。人員が、自治体の支援を行いつつ、事務所や本部とのつなぎ・調整役を担え、ワン・ストップ・サービスの窓口になれる。自然災害が発生してからの対応は容易ではない。見宮は、平時からこのような選択肢についてJICAで議論がされてもよいと考えた。

　また、今回の緊急支援フェーズで検討したものの実現されなかったこととして、緊急復旧・復興計画策定を担う中央省庁へのJICA関係者の派遣がある。このような復旧・復興オペレーションにおいて、アジア開発銀行や一部国連機関は、いち早く自分たちの人員を先方政府に送り込む。復旧・復興計画を策定する中央政府の中枢に入り込むことで、部外者とは桁違いの情報が集約され、ひいては、そのオペレーションや計画策定を効果的に支援できる。

　今回、JICAでも国家経済開発庁への人員派遣についても話はあった

---

16) 復興庁 HP 資料　http://www.reconstruction.go.jp/topics/post_108.html

が、結論は出なかった。他方、アジア開発銀行等は国家経済開発庁に人員を送り込み、PDNA（災害後復興ニーズ評価調査）を実質取り仕切っていた。アメリカの援助機関であるアメリカ合衆国国際開発庁（USAID）は後述する大統領補佐官復旧・復興室にベテランコンサルタントやスタッフを送り込んだ。JICAも相手の懐に入り込むことで、JICAの復旧・復興支援をさらに中央省庁の方針や現地のニーズにあったものとし、あるいは、JICAの方針を先方政府の復旧・復興支援に入れ込むことができたのではなかろうか。

民間連携の強化も今後の課題である。複数の日系の民間企業が、JICAを通した支援について打診してきた。例えば、民間がフィリピン国内で保有する重機（ショベルカーやトラック、発電等）、貨物専用船や小型飛行機などの貸し出しの申し出など、緊急支援物資の輸送やがれき処理に有用なものが多々あった。しかしながら緊急事態が発生してからの調整は非常に難しく、貴重な申し出のすべてに応じることはできなかった。災害発生時を想定した平時からの準備が必要なのだ。

民間との連携については、東日本大震災を踏まえて国土交通省と民間の提携協定が交わされており、また、後述するように、東松島市も民間との協定の事例がある。復旧・復興支援ではオール・ジャパンの体制で、産官両者が参画する重要性を、今回の台風ヨランダ支援は教えてくれた。

ラクソン大統領補佐官の真意を問う

超大型台風ヨランダの上陸から約1カ月が経過した12月6日、フィリピン政府の復興政策に大きな動きがあった。大統領府は一人の高官を、復興担当大統領補佐官に任命したのだ。強面の強硬派で知られるラクソン元警察長官がその人で、ラクソン補佐官はたちまち時の人となった。

復興担当大統領補佐官の主な役割は、国家災害リスク削減管理委員会（NDRRMC）や主要官庁とともに、地方自治体の復旧・復興計画の

調整および復旧・復興計画の予算を編成することにある。政府予算だけではなく、民間やODAの支援の窓口ともなるため、大臣級のラクソン補佐官を長とする「復興支援大統領補佐官室（OPARR）」が設置された。しかしなぜか復興予算は配分されず、人員も限定的だった。復興が失敗した時のスケープゴートではないのか、あるいは、汚職撲滅のためかなど、フィリピン政府内はもちろんドナー間でもアキノ大統領の真意について憶測が飛び交った。とにもかくにも、今後援助を実施するにあたって重要人物になることは明らかだ。JICA事務所は早速ラクソン補佐官に面談を申し込んだところ、「人もいない、オフィスもない、車もない、事業予算もない」と片手に数えられるスタッフを集め、町中の小さな仮オフィスに迎えてくれた。見宮が後で聞いた話では、大統領府に執務室は用意されたがそこでは今回の仕事はできないと、あえて外に出たという。

ラクソン補佐官の第一印象は小柄で、温和な印象がした。復旧・復興業務に従事した経験はないという。急遽任命されたのだろう、本人の戸惑いも見え隠れしていた。「I did not have any teeth. I cannot implement any（私は何の権限も持っておらず、何も施行することができない）」——佐々木はその後、何度も補佐官の口から同じ言葉を聞くことになる。他方、汚職が蔓延するフィリピンにおいて、予算を持たないことは、考えようによっては強みだった。実際、警察長官の前職もあるラクソンには、汚職も賄賂も許さない姿勢と行動でその名が知れていた。彼の目の前の課題は、世界中からそしてフィリピン国内から続々と集まってくる支援金と支援の申し出を、いかに現地のニーズにマッチさせるかであった。

佐々木はこのころずっと考えていたことを率直にぶつけてみた。

「日本政府には40億円前後の無償資金協力の準備があります。通常のやり方だと日本の業者と契約するため、コスト高になり時間もかかる。現地業者を活用するなどより迅速な手段を検討できますが、どうお考えですか」。すると、ラクソン補佐官は迷いもなくこう答えた。「確実な対応および成果が

なにより望まれる。コスト高であっても、決まった期限で仕事をしあげる日本の業者を活用したい。また、日本における入札の方が透明性も高い」。

速さを求められると思っていた佐々木の意表をつく回答だったが、補佐官らしい、納得のいく明確なメッセージであった。これを受け、無償資金協力の進め方は、通常どおり、日本の業者を対象に日本における入札で進めることになった。しかし、ラクソン補佐官が期待した「迅速な対応」について、追って大きな課題に直面することになるとはその時誰も想像していなかった。

1時間強であったが、ラクソン補佐官との面談はその後のJICAの協力方針に大きな道筋をつけた。一方で、この復興支援大統領補佐官室の存在は、援助機関に混乱を生じさせたことも間違いない。国家経済開発庁、財務省ともに、ラクソン補佐官への気の使い方は尋常ではなかった。復旧・復興支援の実施について、どこに相談し、どこの承認を得れば良いのか。国家経済開発庁、財務省、復興支援大統領補佐官室の3つの監督省庁への対応が求められ、支援の調整コストは膨れ上がる一方だった。

20市町に及ぶ広域プロジェクト

フィリピン政府や関係省庁との水面下での交渉を終え、いよいよ被災地を舞台に移しての復旧・復興活動が始まった。2014年2月2日、現地活動を予定していた49名のメンバーのうち約20名が、「台風ヨランダ災害緊急復旧・復興支援プロジェクト（以下、本プロジェクトとする）」を行うためタクロバン市に入った。本プロジェクトは、ここから現場レベルでの活動がスタートした。

個々の具体的な支援活動に触れる前に、緊急対応から復興に向けての継ぎ目のない協力を意図した本プロジェクトの特色と、その全体像を俯瞰したい。

①広域プロジェクトである

台風ヨランダは、フィリピンの9地域に甚大な被害を与えた。プロジェクト対象地域はレイテ島、サマール島沿岸の20市町に及んだ。

②緊急支援から復興に至る継ぎ目のない協力

日本は、直後から被災者への緊急援助を実施するとともに、緊急対応から復興に向けて無償資金協力や技術協力などの継ぎ目のない協力を実施した。

③3つの支援の柱

本プロジェクトでは、日本の災害復興の経験を踏まえ、1）ハザードマップを作り、同マップを活用した自治体への土地利用計画の改訂、避難計画づくりなどを支援。2）現地の病院、庁舎などの建設を含む無償資金協力の計画作り、3）早期の災害に強い公共施設再建と技術訓練、被災者の生計回復（クイック・インパクト・プロジェクト：以下、QIPS）などの支援が行われた。

台風ヨランダ災害緊急復旧・復興支援プロジェクト　フローチャート

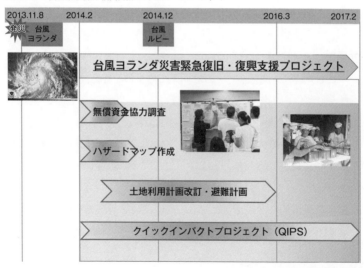

出所：プロジェクト資料を筆者が編集

④宮城県東松島市との連携

東日本大震災の被災地との連携による、台風被害の緊急復旧・復興プロセスにおける日本の災害復興の経験を活用。

質の高い無償資金協力

いよいよ被災地を舞台にした復旧・復興支援活動が始まった。がれきの残る被災地へプロジェクトチームのメンバーは複数回に分けて派遣され、2月中に延べ35名が現地入りした。これだけの規模の人員の一括投入は、JICAにとっても前代未聞のことである。

前項で触れた主な支援内容のうち、復旧・復興のための無償資金協力については若干の説明が必要であろう。本プロジェクトにおいて、「プログラム無償資金協力」という新制度が導入された。通常の無償資金協力では、1案件について1閣議承認が必要で、承認されたのち、日本政府と途上国政府で外交文書（口上書）をかわす。事業の実施にあたっては、途上国政府が日本のコンサルタントおよび日本の業者と契約し、このコンサルタントと日本の業者が事業を実施する。このプログラム無償では、包括的なプログラムという傘の下に、個別のサブ・プロジェクト（従来でいうプロジェクト）群が存在する。個別のサブ・プロジェクトの選択は、セクターに限らず「自由度を持てる」ことが売りだ。また、このプログラムでは、プロジェクト群をまとめて1閣議承認、1口上書で対応できるため、迅速性が利点とされていた。

他方、本部の対策会議ではその「自由度」が逆に仇になるリスクが早々に指摘されていた。フィリピン政府の有効な調整能力への疑問と、マルチセクターならではのサブ・プロジェクト間の優劣に客観基準がないことだった。客観基準に基づかない判断をどのように正当化するかが大きな課題だった。

「Build Back Better」を売りに

このプログラム無償における案件形成の基本方針は、被災したインフ

ラ、施設および機材の迅速な復旧を原則とした。また、同様の台風に見舞われた場合の被害が減少するよう、強靭化のモデルとなるような設計基準を採用することとなった。この方針に沿って、株式会社建設技研の三品孝洋と株式会社パセットの関一則率いるチームの、文字通り睡眠時間を削っての奮闘が始まった。

ドナーによる援助合戦が繰り広げられる中、JICAの無償資金協力の売りが何かといえば「質」になる。前述した小学校建設で示された通り、高くても良いもの、強靭なものが建設・供与される。問題はスピードだった。ライフラインが崩れ、一刻も早い復旧・復興を期待する現地のニーズに対し、無償資金協力では、機材供与であっても引き渡しは調査時点から早くて2年後、建造物の完工は早くて3年後が想定された。目先のことで精一杯な現地の要望が、質よりもスピードに重きが置かれることは致し方あるまい。主要幹線道路沿いあるいは町の中心部の小学校や保健所など、現地の人々に目に見える恩恵を与える支援は、他のドナーもいち早く唾付けをする。

被災した庁舎を視察するプロジェクトチームと室岡（中央左）

停電が続き、主要幹線を外れればがれきも残るレイテとサマール州の18市町を、三品・関チームは、朝早くから簡単な弁当をもって、現地のニー

ズを見て、聞いて回った。壊れているものは山ほどあった。その中で、敢えて日本が支援する価値があり、先方もそれを望むものを探すことは容易ではなかった。そんな中、三品・関チームは、まず、日本の援助の売りを「Build Back Better」に沿って明確に示すことに主軸を置いた。このころから、現地では、「Build Back Better」とともに、「New Normal（新たな常態）」という言葉も聞かれるようになっていた。「New Normal」に向けた復興支援とは、ただ単に直す、ただ単に失われたものを戻す、のではなく、新たな地域づくりを支援することを意味する。その復興支援の一端を、この無償資金協力を通して、JICAは実施しようとしていた。中長期的に地域の活性化に有用なもの、あるいは、次の災害に備えるということで、絞り込まれたのが次の無償案件リストのとおりだ。

無償案件リスト

項　目				実施機関	備　考
1.Basic Human Needs の復旧	災害に強い小学校の復旧		施設	1.DPWH 2.DepEd	8カ所
	災害に強い地域医療の復旧	EVRMC	施設	1.DPWH	外来棟
		RHU	施設	3.DOH	4カ所
	電力の復旧		機材	4.DOE	高所作業車：7台 建柱車：7台
2.生計手段・経済活動の回復	建設機械の復旧		機材	1.DPWH	ダンプトラック等
	国立航海技術訓練センター機材の復旧		機材	5.DOLE	高速救助艇等
	水産試験場機材の復旧		機材	6.DA	養殖水処理用殺菌装置等
3.被災した公共インフラの復旧	空港機材		機材	7.DOTC	化学消防車等
4.防災体制の復旧	庁舎		施設	1.DPWH 8.DILG	2カ所

※略語は巻末の「略語一覧」を参照

　多くの人々が目先しか見えていない中で、中長期的な支援ニーズを見出すためには、広い視野と先見性が要求される。上記のすべての案件についてドラマがあるが、ここでは特に、当選と落選の瀬戸際にあった案件について触れたい。

①国立航海技術訓練センター

　国立航海技術訓練センターへの機材供与は、ライフラインとは異なり緊急性の観点で優先順位が低く、関係者の間で議論となった。そんな中、三品・関チームとJICA本部の担当者室岡は、この分野の人材育成は非常に重要だと訴え続けた。

　航海技術訓練については民間参入が進んでいる分野であった。フィリピン全土で唯一の国立であるこの航海技術訓練学校には、マニラの学校にいく金銭的余裕がない、レイテ島、サマール島、さらにはミンダナオ島から生徒が集まっていた。船員産業はフィリピンの基幹産業の一つだ。フィリピン人の出稼ぎ労働収入がGNPの一割を占める中、船員は、医師や看護婦に続く稼ぎ頭だ。しかも、この学校は、1980年代に日本の無償資金協力で建設され、学校が建物や機材を丁寧に修繕修理して使い続けていた。また、本施設への支援については、海事産業をリードするフィリピンの議員やシンソン大臣からも直々の要請があった。シンソン大臣は、無償資金協力の小学校建設を一つ減らしてでも、この学校の再建を優先すべきと、その重要性を訴えた。レイテ復興の観点、そして、地方における海

被災した国立航海技術訓練センター

事産業の育成の観点で、このサブ・プロジェクトがリストに残ることになった。
②水産試験場

　同様に、ギアン町の先端にある水産試験場の機材供与についても、案件採択に向け粘り強く関係者の説明にあたった。サマール州の支援対象町村には地場産業がほとんどなく、水産業は地域の特性に基づいたほぼ唯一の比較優位産業だった。中央政府が有するギアン水産試験場は海に対峙して建っている。台風ヨランダで壊滅的な被害を受ける前、水産のバリューチェーンの重要な入り口となっており、アワビや現地でラプラプ（ハタの一種）と呼ばれる高級魚の稚魚育成や供給を担っていた。実はこの水産試験場の隣には日系企業も進出しており、ラプラプの孵化の拠点として期待され稼働を目前に控えていた。しかし、台風ヨランダで、一夜にして日本人の夢、そして地元の期待がついえ去ったのである。

　プログラム無償においては、No Build Zoneに立地するこの施設を整備するのか、無償資金協力にしては予算規模が小さな支援に手をかけるのか、議論が紛糾した。それでも、この地域の水産業を活性化できるのは、この公的機関の水産試験場しかないと、三品・関チームと室岡は主張を続けた。

被災した水産試験場

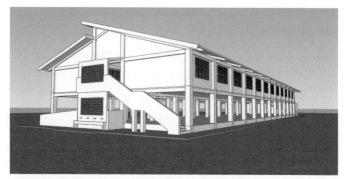

小学校の完成予想図（1階部分を柱だけの空間にした高潮に強い2階建て）

③小学校、保健所、庁舎

　他方、別の視点で議論になり、苦労したのが施設案件だ。強靭性を備え、地域の避難拠点となり得る公的機関建物として、小学校、保健所、庁舎の建設を検討した。立地条件がよく、複数ドナーから支援の申し出がある場合、時間軸の問題から、他のドナーの支援が優先されていた。特に小学校や保健所は、日々の生活に欠かせない。時間がかかって良いものを待つよりも、目先の子供の教育環境や診療場所の整備が優先される。それでもなんとか8カ所の小学校、1病院、4カ所の保健所、2カ所の庁舎が選定された。

　結果として、プログラム無償の調印に向けて、15の建設プロジェクトと5件の機材供与が形成された。実際のところ、無償資金協力案件を20件形成したとほぼ同じ作業量に、選定の判断の明確化や各種調整業務が加わったのだ。「地獄を見た」。三品と関は笑いながら当時を懐かしむ。新しい制度設計が進む中で、本部で手探りの作業を一手に担った室岡も、多数のフィリピン行政機関を相手にした見宮はじめ事務所関係者も、精神的にギリギリの状態が続いた。

　特に、それぞれの案件の内容と必要性を確認する財務官を議長とした会議は、支援先の全省庁とともに、監督省庁として財務省と国家経済開

発庁、復興支援大統領補佐官室が勢ぞろいし、緊張感あふれる場となった。財務官の鋭い質問に、関係機関やJICAが一つずつ答えていく。そのかげには、財務省担当官たちと事務所の地道な情報交換や調整の積み重ねがあった。大変な思いをしたのは決して日本側だけではなく、フィリピン側も同じなのだ。台風ヨランダ復興事業におけるいくつもの閣僚会議では、アキノ大統領からの個別具体的な質問が関係大臣に出される場面も多く、援助を受ける組織もその理由と内容について事前に十分検討する必要があった。ある時など、見宮の携帯電話に閣僚会議に参加しているシンソン大臣からのSMSが届いた。JICAの支援に関するアキノ大統領からの質問に教育大臣がしっかり回答できなかったため、至急JICAから情報を送るようにとの助言だった。復興事業を何とか前に進ませようとするフィリピンと日本側関係者のまさに協働作業だった。

信頼関係構築に焦り

　プロジェクトチームは3月一杯、緊急事業やプログラム無償の計画策定に追われた。4月に入ってようやく、より将来を見据えた復興計画策定に力点をおいて、現場における政策レベルの対話、カウンターパートである自治体や連携する他ドナーとの関係構築をしていくタイミングに入った。刻々と状況が変わる復旧・復興支援においては、JICAの協力方針や想定される成果を意識的に協力機関・関係機関に共有・発信する必要がある。プロジェクトチームとしては、JICAの協力の認知度と関係機関からの信頼感を深め、「困ったらJICAに相談してみる」と相手に思わせる関係をつくりたかった。しかし、レイテ州とサマール州は地方自治体のキャパシティが元々小さく、被災当事者となり、そのキャパシティはさらに限定的で、目先の対応に追われていた。

　トップダウンではなく、「住民間の合意づくり」を重視した復興計画策定は、まだまだ復旧作業が山積みの地方自治体にとって、非常に手間暇が

かかり後回しになりがちな作業であった。また、近視眼的になりがちな住民の視点とは別に、10年先、100年先の中長期的な国づくりの視点も重要だったが、ビジョンを描ける状況にもなかった。日本と比して復興予算が桁違いに小さなフィリピンにおいては、土地利用計画や避難計画等、お金のかからないソフト分野の計画作りが重要で、そのためには協力機関とのコミュニケーションが肝要だった。

　これまでの長年にわたる協力の実績と信頼関係がある中央政府に対しては、被災直後からJICAの支援方針を「打ち込み」続け、それなりの信頼関係が構築されていた。他方、被災地の現場のカウンターパートである地方自治体やコミュニティとの関係づくりは、まさにこれからであった。

　そんな中、じっくりと先方の歩調にあわせつつも、JICAの支援方針を打ち込み、リードしていく粘り強さが要求された。コンサルタントチームでは多数の団員が何度も行き来するシャトル型の形式がとられていたが、必要なのは、先方政府との窓口になるコミュニケーションに長ける人員が長く現地に張り付くことだと見宮は考える。もともと、語学力やコミュニケーション能力で苦労することが多い日本人が、たまにしか顔を見せなければ、先方政府との強い絆を構築することは難しい。しかし、同じフィリピンにいるとはいえ、他の業務も抱える事務所員が現地入りできる時間は限られた。先方政府との信頼関係構築に四苦八苦し、出遅れ感と消極性が感じられ、マニラの事務所を守る見宮の歯がゆさは増すばかりであった。

第4章

被災者の生計回復に向けた支援（QIPS）

失敗してもいい、チャレンジしてほしい

　台風ヨランダ災害緊急復旧・復興支援プロジェクトの目玉の一つが、クイック・インパクト・プロジェクト（QIPS）である。被災者の生計回復に向けた支援が、台風により破壊された施設の修復・新設と併行して行われ、成果を挙げたところに本プロジェクトの価値の一つを見出すことができる。QIPSの案件選定とその実施は難航したものの、その過程では被災者との間に様々な人間ドラマが生まれた。

　「プロの専門家がQIPSの案件を発掘しているのに、他のドナーが実施する案件と同じでは意味がない。破壊されたものを修復するのみではなく、『Build Back Better』の概念を踏まえた付加価値をぜひ検討いただきたい」。

　2014年2月下旬、JICAの田中明彦理事長が来比し、多忙を極めるフィリピン事務所で、佐々木の叱咤激励に事務所の空気は緊張に包まれた。

　これまで何度かJICAとやり取りをしたうえで、プロジェクトチームからQIPS案件リストの最終案が提出された。しかし、それはいまだ自治体からの「Wish list」で、公共施設の改修に偏っていた。そこから被災者が復興に向けて何に取り組むのか、その姿が見えなかった。特にJICAが重要だと考える、地域の特性や資源を最大限に活用し、発展性や持続性に資する生計回復のアイデアや案件のストーリー性も認められなかった。そもそもプロジェクトチームが実施した地方自治体へのヒアリングや「Wish list」から、日本の知恵や技術に基づいた付加価値のある案件が提案されることは期待できない。案件形成の考え方と作業の順序を根本的に見直すよう、佐々木はプロジェクトチームのQIPS総括である山本敦彦（株式会社オリエンタルコンサルタンツグローバル）に厳しい指示を出した。

　もちろん、プロジェクトチームにも言い分はあった。現地のニーズは無下にはできない。そもそも被災地の産業、特に、生計手段は被災前から限られていた。地域住民の大多数が従事するココナッツ産業の生産性は非

常に低いにも関わらず、その痩せた土地で限られた資源として選択せざるをえなかった。このような厳しい条件の下、QIPSの実施期間である1年間（当時の計画）で、自然相手の農水産分野で成果をあげることは非常に難しく、QIPSチーム総括の山本には博打に思えた。それに対し佐々木は、「失敗してもいい。俺が責任をとる。チャレンジしてほしい！」とげきを飛ばしたのである。

12月の本部対策会議でも、対策本部長が「生計回復は非常に重要な課題。物理的な施設の復旧は必要条件であっても、十分条件ではない。漁業分野であれば、現地の生産様式を考慮すべし」と、漁獲後のバリューチェーンを含む社会的要素をしっかり包括するよう発言していた。このようにプロジェクトチームに与えられた課題は非常に重かった。

「人生で、人前であそこまで厳しく言われたことはない。悔し涙が出そうだった」と山本は当時を振り返る。しかし、課題を直視し、取り組むしかない。現地には日常の生活を失った多くの被災者がいるのだ。佐々木が先に会議室を出た後、同席した事務所員たちは知恵を出し合い、今後の作業を一緒に検討した。

シンソン公共事業道路大臣（左）より台風の直撃を受けながらも残った小学校（日本の援助で建設）の説明を受ける田中理事長（右）

この本部対策会議に前後して、現地を訪問し、被災地の状況を目の当たりにしたJICA理事長田中もQIPSの重要性を強調した。週末にもかかわらず同行してくれたシンソン大臣と共に、ともかく現地のニーズへの迅速な対応が必要であることを確認し、JICAが取り組むべき重要な課題の一つとして、人々の生計手段の回復・多様化と生産性の向上をあげた。

現地関係者との関係構築が第一

　可能な限り迅速にコミュニティを再生し、人々の生計手段の回復を支援しなければならない。佐々木の叱咤、事務所員の激励を受け、案件の再検討を依頼されたクイック・インパクト・プロジェクト（QIPS）チームは、首都マニラからタクロバン市に戻り、チーム内で検討を再開した。

　山本は、台風ヨランダ被災後の2013年12月、現地のニーズ調査から加わった。過去にアフガニスタンの復興支援にかかわった経験もある。初めて現地入りした時、町中にはまだ遺体が並んでおり、がれきの中で行方不明者を捜索する多くの人々を目の当たりにした。このような状況の中で被災地域を回り、被害状況とニーズ調査結果を報告した。その後迎えた年末

がれきが残るタクロバン市内

年始も、山本は休みなしで本プロジェクト開始の準備を続けてきた。被災直後から現地と関わってきただけに、被災地の復旧・復興にかける思いは人一倍強かった。

2014年4月、山本らプロジェクトチームは、JICA本部のミッションチーム室岡らと、一日も早いQIPS開始を目指し、現場を回り関係者と協議を重ね、改めて支援内容を検討した。この時から、JICA側に強力なメンバーが加わった。JICA本部で本プロジェクト専属となった平林淳利だ。平林は、アフリカ・アジア諸国の地方部で、住民組織と自治体などが協働するコミュニティ開発で長年の経験を有する。持ち前の粘りと明るさに加え、垣根のないコミュニケーションをとることができる。この時から平林は、プロジェクト終了まで20回以上現地入りし、プロジェクトチームと共に現地自治体、関係機関などと密にコミュニケーションをとり、対話促進を図った。

ケニアで知り合って以来10年近い間柄の平林と事務所見宮は、ともに人とのつながりと現場を大事にするのがモットーだ。"現地の人々との関係構築が第一"という平林と事務所見宮らの問題意識は、完全に一致していた。現地の関係者から、「最近プロジェクトチームに会わないなあ、どうしたんだろ？」と気にかけられる存在にならないと、率直な意見交換はできない。

現地では被災者のための簡易貯水タンクの撤去、食糧倉庫の縮小など、人道支援機関が徐々に支援規模を縮小あるいは撤退し始めていた。被災地域では、他国の支援による校舎のトタン屋根据え付けなど、応急措置も一部で進んでいた。これらの応急措置は、台風ヨランダのような超大型台風が再来したら、同じ被害を受ける仕様であることは明らかだった。QIPSでは、スピード感を持ちつつも、施設改修では、より質の高い技術と、災害に強い仕様や設計が必要だった。

安心して寝泊まりできるホテルを確保

当時、プロジェクトチームは、メンバーが滞在するレイテパークホテルの

会議室に仮事務所を構えていた。公共事業道路省の地域事務所の一室を、プロジェクト事務所として提供してもらうことになっていたが、同省の事務所も被災した。暴風で割れた窓ガラスやがれきは室内に散乱したままで、事務所として機能するには数カ月を要するだろうと思われた。

　プロジェクトチームにとってチームメンバーの安全かつ比較的インフラが整備されたホテルと事務所の確保は、健康を維持し業務に専念するために欠かせなかった。タクロバン市内にあるこのホテルは、サンペドロ・サンパブロ湾に面し、対岸のサマール島が一望できる、開放感があり閑静な立地条件にあった。このホテルも、高潮と暴風で浸水や屋根の損壊など様々な被害を受けた。しかし、被害の少なかった3階、4階の部屋から順次改修し、営業を再開していた。

プロジェクト仮事務所があったホテルからの景色

　2013年12月、室岡と見宮は、その後現地入りするプロジェクトチームのために、安全で比較的インフラが整備されているホテルを探した。プロジェクトチームが現地で業務に専念できるよう、生活と執務環境をいち早く整備することの大切さを自身の経験から学んでいたのだ。被災地に殺到する支援機関の間で、環境の良いホテルは取り合いになり、部屋は次々に抑えら

第4章　被災者の生計回復に向けた支援（QIPS）

れていた。2人は環境が整備されつつあったホテルを探し回り、ようやくレイテパークホテルにプロジェクトチームが安心して寝泊まりできる10部屋と仮事務所として会議室を抑えた。この「先手」が、後にプロジェクトチームが支障なく生活し、業務に集中できる下支えになった。

当時、プロジェクト仮事務所では、日本人専門家とナショナルスタッフ40

プロジェクトチームと室岡（右）、平林（左）。緊急輸送に使われたギアン町の滑走路にて

JICAロゴ入りシャツ

人以上が所狭しと作業していた。事務所内にはエアコンがあるとはいえ、室内は熱気で汗ばむほど暑くなっていた。平林たちが事務所に入ると、挨拶も早々に、プロジェクトチームのコーディネーター廣田智子が、JICAフィリピン事務所で作った日本の国旗とJICAロゴ入りのポロシャツを渡してくれた。フィリピン事務所が、現地の人々にJICAプロジェクトを周知する広報手段としてこのポロシャツを準備したが、広報面だけではなく、プロジェクトチームの一体感高揚にも一役買った。メンバーは、色があせるまで、チームのいわゆるユニフォームとして、このポロシャツを着て現場に出向き、復旧・復興支援にあたった。

全22件の案件を決定

　QIPSで支援する案件は一つだけではなかった。15以上挙げられていた、ばらばらの候補案件ピースを結びつけるだけではなく、復興へのストーリーが必要だった。将来を見据えた復興の方向性と、支援の全体像、JICAならではの人々に寄り添い、付加価値のある成果がいきつくところにあるストーリー。室岡がまとめた1枚紙のQIPS概念図をたたき台にして、

窓ガラスが割れたままの町役場での協議

第4章 被災者の生計回復に向けた支援（QIPS）

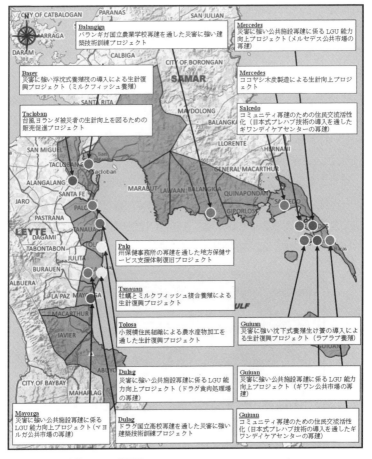

1年目に実施した15件のQIPSの位置図

プロジェクトチームが手を加えていった。特に、佐々木が強く主張した中長期的に人々の生活の安定につながる生計回復を中心にすえた。具体的には、台風前に地元産業を支えていた水産と農業の支援に着目した。JICA本部対策会議でも指摘されていた、それぞれの分野で生産・育成、加工、流通といったバリューチェーンの各段階に人材育成、就業環

境改善といった分野横断的な課題の支援を鮮明に打ち出した。

内容を整理したQIPSの案件は、その後フィリピン事務所からも合意を得た。こうしてQIPSでは、雇用を促進する職業訓練校の再建・技能者養成・養成プログラムの改善、地域の経済回復のための市場の再建、女性が活躍できる社会の再建を目指すデイケアセンター、保健所の再建、生産・加工、流通、販売の視点からの女性の食品加工グループ支援、カキや大衆魚（ミルクフィッシュ）[17]養殖支援など、15件の包括的な支援を行うことになった。

案件を実施している間も、被災地では、状況が目まぐるしく変わる。案件を実施しながら、柔軟に対応する。見えてきた新たな現地ニーズにも対応できるよう、案件の追加も視野に入れ、QIPSを開始することになった。スピード感を求められる被災地だからこそ、「走りながら対応する」。結

整理されていったQIPS概念図

---

17) ミルクフィッシュは、身がミルクのように白い色をしていることから、英語ではミルクフィッシュ（Milkfish）と呼ばれている。サバヒー科唯一の種。形態的には、ニシンやイワシの仲間に比較的近い。フィリピンでは "bangus"（バンガス）と呼ばれ、国魚と呼ばれるほどよく食べられている。

第4章　被災者の生計回復に向けた支援（QIPS）

局、案件を実施しつつ、保健所改修、職業技能訓練校の再建支援などの案件が後に追加され、QIPSは全22件に拡大することになった。

案件の選定と開始をより迅速にできなかっただろうか？という反省はあるが、被災者はそこにいる。プロジェクトチームは、なかなか実施段階にたどりつけない重苦しい雰囲気を乗り越え、被災者に直接届く復旧・復興事業の実施ステージにようやく入ることになった。

検討したQIPSの案件一つ一つに、被災者とプロジェクト関係者の思いが込められた。ここで、いくつかのQIPSを紹介したい。

QIPS 1　台風に強い養殖生簀をつくる（バセイ町）

レイテ島とサマール島に挟まれたサン・ファニーコ海峡に位置するサマール州バセイ海面養殖場は、年間638トン（2009年）の生産量を誇る地域屈指のミルクフィッシュ養殖の中心地だった。ミルクフィッシュは、見た目はボラに似たフィリピンの人たちになじみの深い大衆魚だ。しかし、台風ヨラ

ンダによる高潮で養殖施設は壊滅的な被害を受けた。大破あるいは流失したボートは265隻、養殖生簀は110基にのぼった。

フィリピン政府は台風ヨランダ被災後、いち早く漁業復旧プログラムを立ち上げた。その一環として被災した漁民に、多くの木製の小型船がフィリピン企業やNGOなどから供与された。しかし、バセイ町沿岸の天然魚の量は台風ヨランダ前から年々減少していた。魚が漁場にいないから、漁民は出漁できない。そのため、供与された小型船は、きれいなままあちこちの岸に放置されていた。

フィリピンの大衆魚ミルクフィッシュ

プロジェクトチームは、台風ヨランダがレイテ島の後に通過した他の島で、養殖生簀が壊滅的な被害を受けた中、「日本企業が導入した浮沈式養殖生簀だけが残った」という耳寄りな情報を得た。台風が来る前に、波浪の影響が格段に少ない水面下に生簀を沈め、被害を逃れたのだ。

日本は台風による養殖施設の被害が多い。その浮沈式生簀を設計・設置したのは日東製網株式会社（本社／広島県）だった。同社では、クロマグロ向けの大型生簀を台風前に沈下させることで、波浪による被害を回避する技術を開発していた。台風に強いその浮沈式生簀は日東製網

の特許技術だ。

　浮沈式養殖生簀は、送配水管などで使用される高密度ポリエチレン管でできた円形の生簀枠で、力が一点にかからないので波浪に対する耐久性が高く、また紫外線にも強い。日本では壊れることなく何十年も継続して使用されていた。台風ヨランダの被災地では竹や木、鉄を素材とした角形の生簀枠が用いられていたが、波浪に弱く、耐用年数も短い。従来通りの小型船による漁業も明らかに限界があった。そこで、プロジェクトチームは、生簀枠同様に波浪に強い「側張り」と呼ばれるロープ枠を用いた係留技術と併せて、浮沈式生簀の現地導入を試みることにした。

　プロジェクトの持続性を考えると、日本のモノと技術をそのまま現地に導入することはできない。QIPSでは、台風に強い浮沈式生簀の技術を現地で最適化させるため、現地で入手できる資機材を活用して生簀を作ることにした。また、モノだけでなく人にも焦点を当てた。現地の人々による生簀の設置から、その維持管理を漁民に指導することにも重点を置いた。こうして台風に強いミルクフィッシュ養殖と持続可能な漁民組合の育成支援を開始することになった。

　「生簀の設計は自分たちでするが、果たして現地で部品を入手・

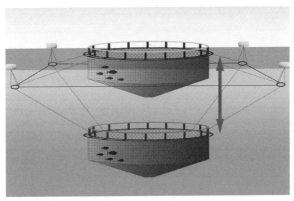

浮沈式生簀のイメージ

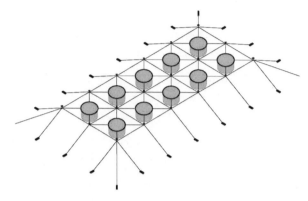

浮沈式生簀、側張りの導入

加工できるのか？現地の人々で浮沈式生簀を設置することは可能なのか？」。

プロジェクトチームから協力の要請を受けた日東製網株式会社・技術開発担当の細川貴志にとって、今まで経験したことのない大きなチャレンジだった。同社は最初、協力の要請を受けるか、少し躊躇していた。しかし、「被災した漁民が再び養殖で生活できるように何とかしたい」という細

台風ヨランダで被害にあった生簀

川の気持ちと、同社の本社がある広島県福山市が、台風ヨランダで被災したタクロバン市と姉妹都市の関係にあることが、同社の本プロジェクト参加を後押しした。こうして日東製網株式会社は、バセイ町のミルクフィッシュ養殖支援に協力することになった。

　細川は現地入り後、早速被災した漁場を訪れ、いたる所に壊れた生簀が放置されている台風が残した爪痕を目の当たりにした。漁民たちに会い、現状を聞いた。「次に台風が来たらまた生簀が流され、苦労して育てた魚を失ってしまう。養殖産業の再建は難しい」。漁民たちから絶望感が伝わってきた。

　漁民に再び生活の光を差し込みたい、という思いを胸に、細川は、早速現地で手に入る資機材を活用したフィリピン版浮沈式生簀の作成に取り組んだ。工夫を凝らして、浮沈式生簀と必要な施設を現地で試作した。例えば、生簀を浮かせるために日本では専用のコンプレッサーを使用するが、現地では高価なため、漁民が潜水漁で使用している漁船エンジンで駆動するコンプレッサーを活用した。また、浮沈装置には当初金属製ノズルを使用していたが、いずれ錆びて使えなくなるため、現地業者と協力してプラスチック製に交換するなどの工夫も重ねた。

　この間も細川は、漁民たちが主体的に養殖に取り組み、責任を持って浮沈式生簀の管理ができるように、漁民を集めて村でワークショップを重ね、漁民たちに寄り添いながら彼らの意識改革に努めた。これには時間と手間がかかったが、漁民たちから「台風が来ても、生簀を沈めて被害を避けられるのであれば、また養殖をやってみよう！」という雰囲気が徐々に伝わってきた。細川は少しずつ手ごたえを感じていた。漁業水産資源局（BFAR）による生簀に入れる稚魚の手配も遅延し、なかなか予定通りに進まない現地活動だったが、細川たちは粘り強く取り組んだ。現地業者、漁民とたゆまぬ努力を続けた結果、ついに2014年10月、浮沈式生簀が完成しサン・ファニーコ海峡に40基設置された。

現地の人々と生簀をつくる　　　　　　　　設置された浮沈式生簀

　さらに、細川たちは再び来るだろう台風に備え、漁民に浮沈式生簀の沈め方と浮かせ方、養殖施設の日常的なメンテナンス方法を実地訓練した。細川らと漁民は、一緒にサン・ファニーコ海峡に何十回ももぐり、何度も何度も生簀を沈めては浮かべ、生簀の動作確認を繰り返した。彼ら自身で浮沈動作と施設の維持管理ができなければ、台風が再び来た時に対応ができず、施設だけでなく生簀の中の大切な魚も失うかもしれないからだ。

　細川には何度も強調していたことがあった。「浮沈式生簀を現地に設置して、協力は終わりではない。持続可能な養殖を実現するために、技術的な指導だけでなく、養殖漁民組合の育成と漁民自身が責任を持って養殖を成功させるという意識を持ってもらうことが非常に大切だ」。細川はこの信念に基づいて、組合の収入分配、収益性の向上、運転資金を次の養殖の稚魚や餌代に割り当てる運営など、BFARや自治体の担当者と共に粘り強く漁民組合に働きかけた。

　ミルクフィッシュ養殖を続ける中で、漁民は養殖施設の日常的な維持管理の大切さを知る事態にも遭遇した。網が破れて穴が開き、生簀の中のいくらかの魚が逃げてしまったのだ。原因は潮流の影響で網と生簀を支えるロープが触れた際、ロープについたフジツボがナイフのように網地を切ってしまったためだった。ロープの定期的な引き締めや、フジツボなどの付着

物を取り除くなど、日々の作業の地道な積み重ねが重要なことを漁民は痛感した。細川らは漁民と共に直面した問題を一つ一つ解決し、安定したミルクフィッシュ養殖を目指した。

漁民に生簀のメンテナンス方法を教える細川（右）

QIPS 2　カキとミルクフィッシュの混合養殖（タナウアン町）

　レイテ州タナウアン町の河口にあるサンタクルーズ村は、河川からの栄養と外洋に面したレイテ湾の清浄な海流が得られる昔から養殖カキの産地として知られていた。しかし、近年は収益性の高いフィリピンの大衆魚ミルクフィッシュの養殖が盛んになり、カキ養殖は縮小されてきた。一方、ミルクフィッシュの過密養殖による富栄養化が原因で水質が悪化し、2012年には大量の魚が斃死し、漁民たちは、ミルクフィッシュ養殖のむずかしさに直面していた。

　台風ヨランダ前、同地域では10世帯がカキの養殖、55世帯がミルクフィッシュのペン養殖（竹と漁網で浅瀬を仕切った養殖方法）を行っていたが、台風の被害によりすべての養殖施設や資材を失ってしまった。そこでQIPSでは、水質浄化作用のあるカキとミルクフィッシュの混合養殖を支援し、生態的なバランスを保ちながら、持続可能な地域の生計手段確立による地域復興を目指した。

　台風ヨランダにより、養殖に使われていた竹竿やココナッツ倒木が海面下に散乱し、漁民が養殖のために使うボート航行の妨げになっていた。そ

こで、まずはプロジェクトで、収入手段を失った漁民たちを作業員として10日間ほど雇用する「Cash for Work」により、養殖場に散乱していた竹竿やココナッツ倒木を撤去することから始めた。プロジェクトの支援で、漁民は日銭を稼ぎながら、がれきを整理した。作業が終わった後、漁民たちは安心してボートで航行できるようになった。

がれき撤去後は、現地で手に入る竹やロープなどの資材を調達し、漁民が協力してカキとミルクフィッシュ養殖施設を設置した。カキ養殖施設は全部で25基、ミルクフィッシュ養殖施設は全部で42基設置した。

プロジェクトチームで本件担当のOAFIC株式会社升田清は青年海外協力隊員で水産支援に従事した経験を持つ。升田は現場主義を貫き、毎日現場に出向いては、現地の関連行政機関や漁民組合と行動を密にし、養殖を再生させるため、知恵を出し合った。手探りで支援を進める中、幸いにも、レイテ州農業部のイメルダの協力を得ることができた。彼女の持つネットワークや現地の情報は升田の活動に大いに役立った。升田ら

第4章　被災者の生計回復に向けた支援（QIPS）

は漁民組合とミルクフィッシュ加工グループの育成に加え、周辺にないカキ種苗の調達先を探して毎日奔走した。苦労した甲斐もあり、レイテ州北部に成長の早いカキ（日本のマガキと同じCrassostrea属）種苗の調達先を確保することができた。

がれきが散乱した養殖場近く

ボートに乗って生簀に向かう

　台風前のカキ養殖は、立てた竹竿に自然に付着し成長したものを収穫する、採集に近い形態だった。そのため、台風で倒れて除去された竹竿と共に母貝も減ってしまっていた。そこで、升田らは調達した稚貝を移植する技術を漁民たちに指導した。カキ殻を連ねたカキ採苗器を導入した。熱帯のカキは日本と違って周年産卵するため、採苗時期を問わず稚貝を

再建したミルクフィッシュ養殖場

生産者が吊るしたカキ棚

得られたのは幸いだった。

カキの養殖は餌がいらないので、生産者はカキ棚に吊るした稚貝が成長するのを待つだけだ。半面、現地の人々の間では「カキは自然に取れるもの」と考えられていたため、市場価格がとても安かった（1個当たり1ペソ＝約2.5円）。カキ生産を養殖ビジネスとして継続してくためには、カキ棚の管理と竹や稚貝を継続的に購入するための投資と、高値でも売れる品質の高いカキの生産が必要だった。生産者たちはカキの成長を楽しみにしながら、升田たちの支援を受けて、カキの販売先探しも始めた。

QIPS 3　頑丈な校舎建設と日本の熟練工による人材育成

東サマール州バランギガ町では台風ヨランダの暴風により、フィリピン労働雇用省の技術教育技能訓練庁（TESDA）所管の技能訓練校の複数の校舎が全壊、あるいは屋根が大きく損傷・消失、柱や壁が倒壊するなど大きな被害にあった。

第4章　被災者の生計回復に向けた支援（QIPS）

暴風で全壊したTESDA校舎（バランギガ町）

　その中で、屋根や天井など一部に傷は見られるものの、1990年代に日本の無償資金協力で建設した2つの校舎だけが、がれきが残る学校敷地内でポツンと生き残った。台風ヨランダが接近した早朝、この校舎に、300人以上の学校関係者や周辺の住民が避難した。暴風で屋根などが吹き飛ばされていく別の校舎の中にいた人々は、残っていた日本の支援で建てた校舎に必死で逃げてきたという。バランギガ町のTESDA関係者らは繰り返し語った。「台風が来た時、日本が建てた校舎は、私たちや周辺住民の避難所になり、命が救われた。あの猛烈な暴風雨の中、この校舎だけがびくともしなかった。日本の技術は本当に信頼できる。ありがとう」。地元の人々は、命を救ってくれた校舎を建設した日本の技術協力へ信頼を深めたようだった。

　TESDAは、人材技能開発を責務とし、台風が来襲する前まで東ビサヤ地方内に130の訓練校と9の提携校があった。いわば、同地域内の人材育成の拠点だった。主な建設関連の研修コースとして、7校で大工、28校で溶接、6校で左官、14校で配管、23校で電気工養成が実施されていた。

台風の中を生き残った、日本の無償資金協力で建設したTESDA校舎(バランギガ町)

しかし、台風により校舎が壊滅状態になり、ほとんどの研修コースが中断を余儀なくされた。災害に強い校舎を立て直し、訓練を再開させ、復興に貢献できる人々を育成することが急務だった。東日本大震災の被災地では、復興の膨大なニーズに対して現地人材のみでは到底追いつかず、全国から多くの熟練工が現地に入り、仮設住宅の建設や公共施設の再建に高い技術力を発揮し、災害に強い公共施設を再建していた。台風ヨランダの被災地でも、建物を改修するだけでなく、職人技術の質の向上は大きな課題だった。

QIPSでは、バランギガ町TESDA訓練校敷地内で、全壊した校舎の跡地に、台風に強い校舎を建設することになった。その際、日本から熟練工を派遣し、TESDAの建設関連研修講師や研修卒業生、自治体職員および現地作業員らに、実地で技術指導をする計画を盛り込んだ。また、面的展開を推進するため、これら技術指導の内容を元に、TESDAの溶接・躯体(くたい)工事などの研修カリキュラムとマニュアルを改訂することも支援に加えた。災害に強い復興に向けた包括的な取り組みだ。

この案件の計画がまとまるまでに、TESDAとプロジェクトチームの協議

第4章　被災者の生計回復に向けた支援（QIPS）

は何度も行われた。包括的な支援の具体的構想を練るため、お互いの見解をすり合わせた。そんな時、現地を訪問したラクソン復興支援大統領補佐官らに、この案件の概要を説明する機会があった。「TESDAへのこの支援は単なる復旧ではなく、Build Back Betterにつながる支援だ」。大統領補佐官の大きな期待が、早急にこの案件を実施する大きな後押しになった。

実地訓練では、日本の熟練工が台風で最も多かった屋根被害の大きな原因となったトラスの適切な作成・設置までの屋根工事と溶接工事などの指導を行った。しかし、この熟練工探しには大変苦労した。プロジェクトチームが日本の企業10社以上にあたってみたが、「教えること、英語を使うこと」などが壁になり、人材が見つからなかった。そこで、平林は心当たりのある関係者に手当たり次第問い合わせた。そして何とか適任者2人が見つかった。ノエルと臼井克也だ。

屋根のトラス

溶接指導するノエル

フィリピン人のノエルは、若い時に来日。偶然にも平林の出身地、長野県大町市にある温泉旅館の調理場などで18年近く働いた。その後、建設会社に就職し、親方に鍛えられた。日本在住期間は35年近くになる。

---

18) 鉄橋や工場建築の屋根の小屋組み構造などのように、部材の節点が滑節（ピン接合）になっていて、それぞれの部材同士が三角形に組まれた骨組みの構造物をいう。

日本語も流暢で、「タガログ語はもう忘れちゃったよ」と本人は笑う。ノエルは普段とても優しいが、ひとたび現場に入ると、フィリピン人に厳しく指導した。臼井は反対にバランスを取るように、柔軟な指導を心掛けた。

臼井は、若いころトレーナーから、プロ転向を勧められるほどのキックボクシングの達人だった。しかし、臼井は文化財修復などで著名な宮大工の家に住み込み、約3年間修行した。臼井はこの修行で習得した昔の技法を使い、山梨県の文化財や著名な旧家の屋根などを多数改修してきた。ノエル、臼井とも経験豊富な職人で、これまでの道のりもユニークだ。

2人が東サマール州バランギガ町のTESDA訓練校の建設現場でまず気づいたのは、建設途中の基礎の柱が垂直になっていないことだった。臼井たちはこれには驚いた。現地業者の現場監督が適切になされていない証拠だ。90度の角度が正確に出せていない。これでは、のちのち構造物にとって大きな問題が生じる。

現地には、適切な道具がまともにない状況だった。そこで臼井は、現地で手に入るもので、現地の人々が可能な限り簡単にできる方法を考えた。墨ツボを使い、棒とひもを使って半円を描き、クロスしたところから下に線をひき、90度を出すことを現場の職人たちに教えた。その後、建設途中の作業に手を加え、構造物を修正した。臼井は、現場で働く人々が、平面図面を理解できないことにも気づいた。そこで、現地スタッフに頼んで、プラスチックで精巧な縮尺完成模型を作ってもらった。これで臼井は突破口を開いた。「模型を見て、施工業者の人たちは、完成のイメージがよく理解でき、まとまっていった」。

その後、屋根のトラスの組み方を教えた。トラスの組み立ては、屋根の強度を確保するための要だ。正確な三角形を作る。一方、ノエルは現場での安全な作業準備や溶接技術を熱心に教えた。こうして臼井やノエルが実地で指導する様子はビデオに収録され、後にTESDAの指導教材として編集された。また、座学で指導した研修マニュアル作りも続いた。

現場での作業はその後も続いたが、溶接の工程が終わった作業員は、別の仕事を求めてバランギガ町を去って行った。そんなある日、ノエルや臼井が指導した溶接工が、別の学校建設現場で、他の作業員たちに溶接を教えているのを偶然見つけた。「こうして人材が育っていくのは、うれしい」。臼井たちは感動した。

屋根の据え付けを指導する臼井

溶接に取り組む作業員

QIPS 4　女性グループによる食品加工を支援

「台風ヨランダは、町の破壊者でした。でもトロサ町のヨランダは、復興のサポーターですよ！」。

女性たちとの集会で説明するトロサ町のヨランダ職員（右奥）

トロサ町のヨランダ職員

　元気よく話す女性の名は「ヨランダ」。台風と同じ名だが、こちらはトロサ町役場の職員。女性支援や福祉を担当する、女性グループの強力なサポーターだ。彼女は台風ヨランダが通過する直前まで、住民に避難を呼びかけ、避難所での女性や子供たちのケア、食糧配給などに追われた。ヨランダ職員の夫は町の保健所の救急車の運転手。台風が近づき自分の身が危険になるまで、妊婦を病院に移送した。被災直後も、ヨランダ職員は夫と共に避難所に収容された多くのけが人の救護にあたるなど、台風対応に奔走した。

　ある晴れた暑い日の午後、トロサ町役場2階の一室で、ヨランダ職員が招集した女性グループの会合があった。30名近い女性たちが集まり、部屋は熱気でむんむんとしていた。プロジェクトチームがその部屋に入ると、「わーっ」という歓声に包まれた。女性たちの熱い視線を感じた。「ようこそ、トロサ町へ！」部屋の奥には、ホワイトボードの横に立ち、女性たちを束ねるヨランダ職員の姿があった。貫禄があった。

第4章 被災者の生計回復に向けた支援（QIPS）

レイテ州トロサ町は、人口17,921人、3,922世帯（2010年）。本プロジェクト支援対象18の自治体の中では、中規模の町だ。この町では、台風ヨランダ前から、町役場などが食品加工を奨励し、5つの女性グループが国の出先事務所から食品加工の研修や、加工に必要な機材の資金提供を受け活動していた。

女性グループの主な加工品は、野菜と魚肉を混ぜた乾麺、骨抜きミルクフィッシュ、食肉加工品（ソーセージ・味付肉・サラミなど）、バナナチップなどだ。彼女らは注文ベースで製品を生産し、地元で販売する小規模なビジネスを続けていた。トロサ町のヨランダ職員は、これら女性グループに活動計画の助言をしながら、町役場、地元にある大学、NGOなど外部からの支援の橋渡しをして、活動を手助けしてきた。

しかし、台風ヨランダの高潮と暴風雨により、女性グループが食品加工していた建物や製造資機材が、深刻な被害を受け、加工活動ができなくなった。収入源を失った女性たちは、加工品の生産活動再開を強く希望していたが、資金や資機材調達に苦慮し、再開の見通しが立っていなかった。

そこで、QIPSではトロサ町の庁舎敷地内に多目的施設を建設し、より多くの住民が様々な目的で活動できる場を提供し、特に、トロサ町役場が選んだ4つの女性グループに対して、パイロット事業として生計手段確保のための食品加工技術および組織運営支援を行うことになった。

町の女性グループリーダーとの活動再開に向けた話し合いの場。ヨランダ職員がそれぞれのリーダーが発表した活動計画、過去の活動の問題点や課題などをホワイトボードに書きだして、コメントをしていた。「メンバーは何人？これから何を作りたいの？」「この計画では、夫の協力は得られないわよ！もっと詳しい計画にしましょう」。話し合いの場はとても活気があった。台風で加工場だけでなく、家屋や畑に大きな被害が出たにもかかわらず、出席していた女性たちには笑い声が絶えなかった。女性パワー

がこの町の復興をリードする。そう感じた瞬間だった。

　支援対象の女性グループは骨抜きミルクフィッシュ、乾麺、食肉加工品など、それぞれ異なる製品を作ることになった。プロジェクトでは、多目的施設を建設している間、女性グループに対し、トロサ町と連携して衛生管理や食品加工の技術指導、製品販売のためのグループ登録手続き、ビジネスプラン作成、帳簿づけや販路拡大などのグループ運営の指導などを行った。技術指導は、地元の大学と連携して実施された。会話をしながら作業する女性たちの間に、徐々に活気が戻り始めた。

食品加工に取り組む女性グループ

コラム　　日本への思い：トロサ町の計画官ザルディ

　トロサ町役場の敷地内に、レイテ島で命を落とした京都府で構成された第16師団日本兵の慰霊碑がある。周囲はきれいに保たれ、管理されているのがよくわかる。慰霊碑を管理しているのは、トロサ町役場の計画官ザルディだ。

　ザルディは、トロサ町役場に勤務するようになった1988年から、町長らと共にこの地蔵尊の管理をしてきた。周囲の草をとり、地蔵尊についたコケなどを落としてきた。「祖母が日本人だったこともあり、日本に尊敬の念を抱いている」という気持ちが、彼を動かしているようだ。

第4章　被災者の生計回復に向けた支援（QIPS）

地蔵尊の横に立つ計画官のザルディ

　ザルディの祖母の名は、「ハルコ　マシムラ」。彼女は山口県で生まれ、ハワイでビジネスをしていた。祖父は、トロサ町生まれだが、ハワイのサトウキビ畑で仕事をしていた。2人はハワイで出会い、結婚した。1932年、戦争により、2人はトロサ町に移ってきた。そして、4人の子供に恵まれた。ザルディの父は4人兄弟の末っ子だった。

　太平洋戦争中、祖母はレイテ島で捕虜になっていたフィリピン人解放のため、日本兵と交渉してまわっていたという。祖母のおかげで、捕虜だった多くのフィリピン人が解放されたそうだ。祖母はフィリピンに骨をうずめる覚悟で、終戦後もハワイに戻らず、トロサ町にとどまり、生涯を過ごした。

　ザルディと日本との縁はまだある。ザルディのいとこは、1980年代から日本で、フォークソング歌手として働いていた。現在は、日本人の夫と子供と共に、福島県に住んでいる。ザルディが招へい事業で日本を訪れた時、東松島市で30年以上ぶりにそのいとこと再会を果たした。久しぶりの再会に、話は尽きなかった。

　レイテ島には、今でもフィリピンの人たちが管理している慰霊碑が他にもあるという。

地元施工業者を育てる

　QIPSの支援地域は、3つの州にまたがる。そこでは市場、州の保健施設、学校の新設や改修など、10カ所以上の工事が同時に実施されていた。プロジェクトチームは現地の施工業者と契約を結び、同時にこれらの工事現場を監理しなくてはならなかった。すべての現場を回るだけでも数日かかる。QIPS統括の山本や設計・施工監理担当である株式会社オリエンタルコンサルタンツグローバルの木全邦雄らは、ナショナルスタッフと共に手分けして毎日現場に向かい、施工管理を行なった。皮肉にも、JICAフィリピン事務所が実施した脆弱な学校建設の調査結果にあった、現地業者の施工管理の弱さに、プロジェクトチームは直面したのだ。現地施工業者が請け負う工事では、工事に必要な工程表、鉄筋の加工図やトラスの組立図が施工業者から提出されない、品質管理が未熟、などの課題が日々見つかった。図面を書くのに必要な「Auto Cad」を使えない業者もいた。プロジェクトチームは、現場のトラブルシューティングに追われ、「現地業者に教えながらものを作る」日々が続いた。だからこそ、建設で最も重要な作業の一つである、トラスの溶接や組立てなどは、熟練工で

現場で作業工程を確認する木全（右）たち

ある臼井やノエルに現地で直接指導してもらう必要があった。

ある日、木全らが東サマール州のギアン町の市場建設現場に行くと、予定していたコンクリートの打設が止まっていた。施工業者に訳を聞くと、「コンクリートを練るために必要な石と砂が途中で無くなってしまった」という。つまり、その日の作業であるコンクリートの練り混ぜに必要なセメント、石、砂の量を計算して、用意できていなかったのだ。さらには、必要な人の配置もしていなかった。工事に必要な作業員・材料・機械がそろわないと、現場は動かない。これらがわかって、初めて工程表を書ける。それ以後、木全らは施工業者が工事量を把握して、工事計画をたてられるように、「材料はいつ現場に入るの？」「現場での人の配置は大丈夫？」と現地業者に問いかけることにした。

木全には、「怒ってはいけない。問いかけながら指導する」という心構えがあった。「なぜ、できていないのか？」、現場でその理由を探った。昔、木全が塾で小学校6年生に算数を教えていた時のこと。問題が解けない生徒がいて、そのできない理由は何か木全は考えた。探っていくと、小学3年生で教わったことが理解できていなかったためだとわかった。そこ

工事現場の様子

で、3年生で教わることを一緒に勉強したところ、その生徒は6年生の問題が解けるようになった。工事現場でも同じことがいえた。基礎的なことが理解できていないから、問題がおこる。

　これまで現地の地元業者は、自治体から仕事を請け負っていたが、自治体から工程管理で指摘されたことがなかったようだった。木全らは、施工業者と品質管理、工程管理のために相当な手間をかけた。「地元施工業者を育てることで、地元の復興と経済に少しでも貢献できれば」という強い思いが木全らにあったからこそ、粘り強い指導が続けられた。

第5章

復興ハザードマップの作成

精度の高い地形図をつくる

　2014年2月、台風ヨランダ上陸から3カ月後、タクロバン空港に着陸する直前に上空から見たタクロバンの街には、あまりにも大きな災害の爪痕がまだ残っていた。空港から見える壊滅状態に近い街並みはまるで映画のようだった。「このような現実があるのか？」——プロジェクトチームのハザードマップ/GIS担当である株式会社パスコの石塚高也と、地形図作成を担当する同社中谷龍介は、その時言葉を失った。直径数メートルあるココナッツオイルタンクが大きく凹み、倒れていた。大きな船が陸地に乗り上げられていた。貧困層が住んでいる沿岸地域の壊滅的な状況。そして、道路の中央分離帯には、数えきれないほどの十字架があり、たくさんの遺体が埋葬されていた。

暴風と高潮で倒れたココナッツオイルタンク。左にいる人と比べると、その大きさがわかる

　このような甚大な被害から復旧・復興を進めるには、被災者の声を反映させた計画づくりがカギになる。この後登場する東日本大震災からの復興に取り組む東松島市長も、その重要性を強調していた。その計画づくりに欠かせないものの一つが地図だ。災害の多い日本は、ハザードマップ作りの実績と技術を有する。特に、台風ヨランダで多くの被害を出した高潮や

第5章　復興ハザードマップの作成

入手した衛星画像：台風ヨランダ被災前(上)と被災後(下)

　洪水などの災害リスクを示すハザードマップは、次の災害に備える避難計画、復興に向けたまちづくりのための土地利用計画作成、防潮堤などの構造物建設による防災対策などに大いに貢献すると考えられた。

　フィリピンの被災地には、ハザードマップのもとになり、市や町の土地利用計画や災害シミュレーションに使える、精度の高い1/5,000相当の地形図がなかった。また、ハザードマップで使用する標高データは、高さ方向で±

111

1m未満の精度が求められたが、それも存在していなかった。そこで、石塚らは精度の高い地形図作りから始めた。「地形図」には、地上地形の高さを等高線で表現し、特定の地点には基準点を設置し標高を記載した[19]。

石塚と中谷は、まず、地形図作成のベースとなる衛星画像や高さのデータを入手した。今回利用した衛星画像は、地球観測衛星軌道上から地球地表面を面的に捉えた光学衛星画像のことをいう。必要な衛星画像の範囲は、対象地域1,500km²に及んだ。まずは商用衛星の高分解能光学衛星から画像を取得し、該当する地域を確認し、必要な画像を1枚1枚確認する地道な作業を進めた。

草むらをかきわけ基準点を探す

入手した衛星画像を地形図作成のベースマップとして、そして被害状況把握のために正しく利用するため、基準点を設定する必要があった。プロジェクトチームは首都マニラで、地図資源情報庁（NAMRIA）や、フィリピン大学など関係機関から既存の基準点の情報を収集し、20の基準点を設定した。その後、これらの基準点を参考に、Global Navigation Satellite System 衛星からの電波を連続的に受信する、既存の基準点を活用し、必要に応じて新しい基準点も設置した。基準点とは、地球上の位置や海面からの高さが正確に測定された三角点や水準点等から構成され、地図作成や各種測量の基準となるものだ。

高度基準は、NAMRIAが設置したこの目印となる基準点（三角点と水準点）を活用する方針だった。石塚らは、この目印の情報をNAMRIAから入手したが、現地で基準点を特定する作業は困難を極めた。正確な高さを地図に反映させるためには、現地で一つ一つの基準点の所在を確認し、正確な位置を把握する必要があった。NAMRIAがかつて設置

---

19)「JICAの地理情報分野における事業実施の留意点」2017年3月3日、独立行政法人国際協力機構。

した基準点とは、コンクリートでできた縦横20cm×20cm、高さ20cm程度の四角柱、いわば小さな目印だ。石塚たちに不安がよぎった。「本当にコンクリートの目印はあるのか？」しかし、NAMRIAやフィリピン科学技術省（DOST）の担当者は「基準点は、確かに現地にありますよ」という。

　基準点が草むらで覆われていたら、見つけることは難しい。破損して今は存在しないことも考えられた。石塚たちはマニラで入手した情報をもとに、さっそく現地に行ってみた。すると、心配していたことが現実になった。基準点らしいものの多くが簡単には見当たらなかった。ここから石塚たちの本格的な基準点探しが始まった。

　周辺の住民に、コンクリートの四角柱がどこにあるか聞いても、なかなか見つからなかった。炎天下の中、地面を這いつくばって基準点を探す日本人たちを見て、町の人たちも汗をかきながら、草むらの中に入り、一緒に基準点を探してくれた。石塚はこれには驚いた。最初、石塚たちを見た被災住民たちは、「水や食糧をくれ！」と近寄ってきたり、「近くの壊れた橋を直して！」などと訴えてきた。石塚たちが、「復旧・復興のための地図を作りに来たんだよ」と答えると、何の事だか理解できないようだった。

見つかった基準点を囲む子供たちと石塚(左)

それでも住民たちは、石塚たちが困っている様子を見て、協力し始めたのだ。そうこうして、草むらの中に隠れていた基準点を見つけた時は、「やったー！」とみなで歓声を上げた。「しんどくもあったが、みなが助けてくれた」。中谷は、当時を振り返った。

レイテ島のレーザー測量を完了

入手した衛星画像は、中心投影画像と呼ばれ、地上の距離や面積を正しく測ることができない。これを解決するために、画像を地表面に対して垂線方向の射影画像（正射投影）に変換する（これを「オルソ補正」と呼ぶ）。石塚たちは、この正射投影された画像、すなわち「オルソ衛星画像」とデジタル化して地図を作成した。このオルソ衛星画像データは、ベースマップと呼ばれるもっとも簡素な地図に使用される。ベースマップから、バランガイ（最小の行政単位）の境界、主要道の位置、台風被害の概要がわかる。

その後、ベースマップに、レーザー測量により得た標高データも利用し、基準点をもとに精度の高いベースマップを完成させた。レーザー測量と

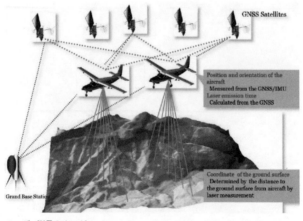

レーザー測量のイメージ

は、飛行機から発した光の反射を解析し、レーザーで地上との距離を計測し、標高を出すために使う技術のことをいう。等高線のある精度の高い地図作成に使用する。

　2014年3月27日から、石塚たちは、レイテ島から南西に150km離れたフィリピン第二の都市、セブ市の国際空港で地形図作成の準備を開始した。4月中に地形図を完成させるために、測量用の飛行機を連日飛ばして調査を完了させる予定だった。しかし、悪天候に阻まれ、レーザー測量のための飛行機がセブ空港から出発できない日や、レイテ島まで飛行しても天候条件が悪くセブ空港へ引き返す日が数週間続いた。測量作業は予定より大幅に遅れそうだった。石塚たちは、「こんなに天気が良いのになぜ測量できないの？」と他の業務を担当するチームメンバーからよく言われた。しかし、少しの雲があっても一定の質を保った画像は取れないのだ。測量ができなくても、飛行機を確保した日数分の経費はかさむ。「代替案を考えてくれ」しびれを切らせたチームリーダーに言われた。

　石塚と中谷は、様々な国で地図作成支援にかかわってきた専門家だ。データや機材が整備されていない途上国で、予定通り進まない課題を一つ一つ解決して、多くの地図を作成し提供してきた経験と実績がある。想定外の問題に直面しても、何とか打開策を見出してきた。彼らに「あきらめる」という選択肢はなかった。

　石塚たちは思案の末に、計画変更の決断をした。被害の大きかったレイテ島から優先してレーザー測量することにし、サマール島のサマール州・東サマール州沿岸地域は、NAMRIAとフィリピン大学のデータを借用することにした。結果、10日の飛行で、レイテ島のレーザー測量を完了させることができた。サマール州・東サマール州のデータも入手でき、等高線を作成することができた。その後、入手できたレーザーデータが計算され、全世界的衛星測位システム（GNSS）と水準点測量により、実際の地形と調整した。誤差を調整し、フィルタリングと呼ばれる、地上にある建物や

木を除き、高度を精緻化し、地図に反映させた。

　衛星画像から得た建物や道路などの情報をチェックするため、現地踏査も行った。学校、教会、公民館などの名前と位置を地理情報システム（GIS）を使って一つ一つ確認した。調査後、これらの情報を新しい地図の目標物として反映させた。自治体、住民が地図を見ながら、土地利用計画を協議するのに欠かせない情報になる。

　石塚は、地図作りの作業をしながら、現場で出会う被災者との出会いを大切にした。現地の人々はみな、笑顔で明るかった。「これだけ壊滅的な被害を受けたにもかかわらず、しっかり前を向いて歩いて行こう、という住民の気持ちが伝わってきた気がした」。そんな被災者の姿が、次の日の作業の原動力になった。石塚と中谷の心には、被災した住民の前向きな姿が深く刻まれた。

　公共施設の位置と名称を確認するため、ある小学校へ行った日のことだった。地図に記載する学校など目標物の正式名称を近くにいた住民が教えてくれた。偶然出会ったその住民がわからなければ、さらに周りの人に聞いてくれた。ある日の夕方、学校の終業時に現地調査を行なっていたら、子供たちがついてきた。疲れた体に、子供たちの明るさと元気は格別だ。現地で出会う人々が、石塚たちの力になった。

　ある日、現地調査が終わり、迎えの車を待っている時の事。ジュースをご馳走してくれた地元の男性が、被災時のことを話し出した。高潮が町を襲った時のことだ。その男性は、必死になって流されそうになる息子を片手で掴み、死に物狂いで泳いだ。しかしその時、「流木が自分の腕に当たり、息子の手を放してしまった」。翌日、息絶えた息子が道路で見つかった。しかし、「いつまでも亡くなった息子のことを考えても帰ってくるわけではない。しっかりと自分が生きていくことが、その子のためになる。悲しんでなんかいられないよ。自分たちも生きていかなければいけないからね」。ここにいる人たちは皆、悲しい思いをしているに違いなかった。それでも、一

歩ずつ前に進もうとしていた。

　石塚たちも困難に直面しても、決してあきらめなかった。現場と関係機関を走り回り、衛星画像、航空機によるレーザー測量、現地踏査によるGNSSでの計測、フィリピンの持っている地図、4つの情報を収集した。そして、現場での判断から精度の高い地形図をついに完成させた。

基準点を探して聞き取りをする石塚（右）

フィリピン政府高官に評価された高潮ハザードマップ

　石塚たちが地形図作成作業を進めている間、株式会社パシフィックコンサルタンツの藤堂正樹らはハザードマップ作成作業を進めた。ハザード分析は、予想される災害への対策を検討するうえで不可欠な情報となる。ハザード分析の結果をもとに、ハザードマップを作成し、復旧・復興計画のための重要な情報を関係者に提供する。

　藤堂らは、台風ヨランダで最も被害が多く、自治体から要望の強かった高潮分析を中心に行った。高潮被害のあった海岸地域、沿岸道路、住宅地域など200カ所以上で、被災者への聞き取りをもとに高潮痕跡調査を行い、浸水域および浸水深を確認した。これら現地調査で得たデータの

数値解析を行い、台風ヨランダ級の最悪のシナリオを想定した高潮解析と氾濫解析シミュレーションを繰り返し行った。その後、過去の高潮ケースの統計解析に基づくモデル台風を設定し、ハザードマップに掲載する情報の選択と想定台風に対するシミュレーションを行った。正確な地形データと現場の実現象の確認によって、数値シミュレーションモデルができた。これら科学的根拠に基づいてプロジェクトチームが作成したハザードマップは、台風ヨランダ被災地の他支援機関ではほとんど作成されていなかった。

現地での高潮痕跡調査

シミュレーション解析を進めつつ、ハザードマップの完成イメージについて、藤堂や石塚らによる話し合いが続いた。区分の色分け、線の太さ、色塗りするかしないか試した。高さのデータを入れて、浸水域を示した。イメージを繰り返し表示し、自治体職員や住民にも聞き取りをして、ユーザーにわかりやすい地図にするよう心がけた。

被災地のためにスピード重視で、プロジェクトチームは昼夜問わず作業を続け、ハザードマップの暫定版をプロジェクト開始から4カ月後の6月に完成させた。作成した高潮ハザードマップでは、浸水域、浸水深を示し、高潮の到達時間は別途シミュレーションを用意して、自治体などに説明した。

ちょうど同じ月に、ラクソン復興支援大統領補佐官がタクロバン市にあるプロジェクト仮事務所を訪問した。その際、プロジェクトチームが作成した、

高潮ハザードマップを同補佐官らに説明すると、彼らはハザードマップに非常に高い関心を寄せた。その後、マニラで同補佐官をはじめ関係中央省庁関係者らに、ハザードマップを説明する機会を得た。藤堂の熱のこもった浸水域などの説明に、その場にいた人々は熱心に耳を傾けた。次の災害に備えた復興計画や災害リスク軽減計画策定のために、ハザードマップの活用が効果的であることがフィリピン政府高官らにも理解されていった。

フィリピン政府高官にハザードマップを説明する藤堂

ハザードマップの価値とリスク

　他方、ハザードマップにはリスクもあった。本来、ハザードマップは災害のリスクの度合いを示すものであるが、逆に、安全なところを示すものと理解されてしまうことだ。被災後、人々はより「安全な」場所を求めていた。しかし、台風ヨランダでは被害を受けなかった地域でも、台風の通り道が少しずれるだけで甚大な被害を受ける可能性もある。また、自然災害の規模は時に人間の想像をこえる。ハザードマップはあくまで防災・減災のツールであることを同時に説明していくことが必要だった。

　また、リスクの視覚化が政治的に利用される恐れもあった。中央政府と

タクロバン市長の対立は第2章で説明したとおりだ。当時、復興にあたって、海の目の前に立地するタクロバン空港の移転の議論が出ていた。ここはタクロバン市長の親戚が所有する私有地であり、正式名称はタクロバン市長の名字であるロマオルデス空港という。この空港の別の町への移転は、レイテ州の商業・金融の中心であるタクロバン市の存在を脅かす。ラクソン復興支援大統領補佐官はその移転が適切と考えていた。ラクソン大統領補佐官は、JICAがハザードマップについて説明をした際、一番ハザードが高い赤色で埋まった空港周辺を凝視していた。

ある日、ラクソン大統領補佐官がJICAの推薦で空港の移転をアキノ大統領に提案した、というニュースが流れた。見宮はことの深刻さを察した。すぐさま1周年セミナーで一緒に汗をかいた大統領補佐官室の次官補に電話で事実確認をしたが、それと前後して、タクロバン市役所での打ち合わせに向かったプロジェクトメンバーから連絡が入った。「JICAはタクロバン市役所には出入り禁止、だと言われた」。

見宮は次官補からの情報をもとに、直接タクロバン市長の携帯電話に電話をかけた。JICAとしてハザードマップは説明したが、空港移転については言及しておらず、今回の空港移転についてはあくまでラクソン大統領補佐官の判断であったことを伝えた。また、東日本大震災で深刻な被害を受けた仙台空港は移転しておらず、JICAが台風ヨランダ後、仙台空港の関係者をタクロバン空港に派遣してより災害に強い空港を目指して、技術的助言を行ったことを説明した。こうして市長の誤解がとけ、その日のうちにJICAの出入り禁止令は解かれた。ハザードマップそして政治ゲームのリスクを痛感した事件であり、また、タクロバン市長の携帯電話に直接電話ができる関係構築が功を奏した一件となった。

その後も、プロジェクトチームは、高潮シミュレーションを繰り返し、高潮ハザードマップの精度をさらに高めた。高潮シミュレーションの動画も作成し、浸水の方向、深さ、到達時間などを示した。これに加え洪水、津波

ハザードマップも作成し、2014年11月、正式に対象自治体など、フィリピン関係機関に引き渡した。

各自治体へのハザードマップの引き渡し式

プロジェクトチームは、ハザードマップの提供だけではなく、各自治体にハザードマップの理解促進、同マップを活用した避難計画や土地利用計画の見直しの必要性を繰り返し説明した。台風ヨランダ来襲から1年後、自治体職員らがハザードマップの重要性を改めて実感させる大型台風が再びこの地に接近することなど、予想すらできなかった。

避難計画づくりを支援

台風ヨランダ後、フィリピン政府から、被災した各自治体に対して避難計画を策定するよう指示が出た。次の災害への備えを強化するためだ。しかし、自治体は被災後の山積する課題に追われ、限られた人員では手が回らず、作業が進まなかった。そこで、本プロジェクトでは、台風ヨランダによる高潮被害が最も大きかったタクロバン市、パロ町、タナウアン町の避難計画づくりを支援することになった。プロジェクトチームは台風被災当時の避難状況や対応を把握するため、まず各バランガイで被災者や自治

体職員へ聞き取りを行った。その結果、被災当時の住民の意識や実態が少しずつ明らかになってきた。

過去に例を見ないほど発達した台風ヨランダ。PAGASAや自治体から住民へ、「Storm Surge（高潮）が来るから避難してください」という呼びかけがあった。しかし、多くの住民は避難しなかった。「Storm Surgeの意味がわからず、即座に避難行動を起こさなかった」「津波が来ると言われたら、避難していた人たちはもっと多かっただろう」と多くの住民は証言した。

第1章でも触れたとおり、台風ヨランダ接近の直前には避難警報が出ていたが、当時晴れていた。そのため、多くの住民は、「台風には慣れっこ。自分がとるべき行動はわかっている」と、自治体の呼びかけに反応しなかったそうだ。自治体職員によると、避難を呼びかけた際、海岸沿いに住む多くの人々は、昼間からお酒を飲み、踊り、いつもどおり楽しんでいた。家財・私財を守るために自宅に残った男性や、いったん避難したものの、晴れ間が出てきたため、家財や家畜を確認するため自宅に戻った多くの男性などが、その後未明に再び猛威を振るった暴風と高潮により、命を落としたという。

この他にも、住民から被災当時の様々な証言が集まった。「指定された避難所ではすべての避難者を収容できなくなった」「避難所が住民に周知されていなかった」「指定した避難所が高潮に襲われた」など。想定を超えた規模の台風ヨランダによる高潮と暴風により、多くの人々の命が奪われた状況と要因が徐々に明らかになっていく。一つ一つの被災証言を聞くたびに、プロジェクト関係者の胸は痛んだ。

2014年6月、プロジェクトチームで土地利用計画・避難計画支援を担当する株式会社パシフィックコンサルタンツの千田雅明は、タクロバン市の避難訓練を視察した。その訓練は、住民の担当者が天候を見てから、災害の危険度を黄・オレンジ・赤で住民に周知するものだった。NGOがこの避難訓練を支援していたが、天候を見て住民に警報を出すのでは明らかに遅い。また、避難所での避難者登録の訓練では長蛇の列ができたり、

台風ヨランダの際に被災した沿岸部の施設に避難する訓練が行われるなど、課題が散見された。被災者からの聞き取り結果や避難訓練をみた千田は、「台風ヨランダの教訓を活かした、より具体的な避難計画が早急に必要だ」と痛感した。二度と同じような惨劇が起こらないように、今から自治体と住民が一緒に準備することが何よりも大切だった。

ハザードマップを使いながら避難計画の説明をする千田（左）

千田は地域復興のスペシャリストである。大学院修了後、都市計画の会社から現在のコンサルタント会社に入社。2013年まで国内一本で、多くの都市計画・復興計画・地域復興や振興にかかわってきた。阪神淡路大震災後の被災地の総合計画の策定や、集中豪雨などの水害時の避難のあり方を見直すきっかけとなった兵庫県佐用町の復興計画、山間の集落の居住者のための移動販売車の復活や集落公民館での「出前居酒屋」の試みなど、地域復興にも取り組んだ。佐用町のころから連携していた「防災朝市ネットワーク」を通じて、東日本大震災の被害にあった南三陸町でも、テント張りや炊き出しなどの実践支援が防災訓練の指導に役立った。また、東日本大震災で被災した複数の自治体の復興計画策定、地域振興にも取り組んできた。「計画とは経験論。経験に基づいて、

臨機応変に対応する。それは日本でもフィリピンでも同じこと。それぞれの県や地域でやり方、考え方も違う。（計画には）地域の自然や人を活かすことが重要」との自論を持つ。

　しかし、千田にとって海外業務はこれが初めてだった。現地では、どこに、何の情報・データがあるのかを探すのが非常に大変だった。日本とは違い、自治体など本来あるべきところに必要な情報がなかった。また、フィリピンの自治体職員と話をしていると、地図を正確に読めない担当者が多いうえ、地図を見ただけで、避難経路を決めようとしていることに気づいた。千田はタクロバン市の防災担当者らに、実際に避難経路を歩き、洪水の可能性のある河川はないか、強風で倒れ道をふさぐなど障害となりえる物はないか、車で移動する場合の交通渋滞が予想されないか、など確認するよう助言した。

　千田は英語が得意ではない。そんな千田を強力にサポートしたのが、2人のプロジェクトナショナルスタッフだった。その1人、キアラは自治体とのネットワーク作りが素晴らしかった。どの自治体に行っても、職員から「キアラ、キアラ」と慕われ、自治体職員との協議に「すっと」入っていけた。彼女は人との壁を取り払ってくれる、素晴らしい才能があった。「これがプロ

タクロバン市職員に説明するキアラ（中央）

ジェクトの成功の秘訣だった」と千田は振り返る。もう1人のアーミは、ワークショップの準備や司会に長けていた。

　試行錯誤で始めた避難計画づくりの支援だが、千田は必ず事前にキアラ、アーミらと密に打ち合わせを行い、共通認識を持って、各自治体との協議に臨んだ。協議を重ねるうちに、キアラが千田の代わりに説明するようになっていった。質問が出てきた時には、千田が直接回答するが、キアラが必要なことを補足した。まさに「あ・うん」の呼吸だった。キアラたちは、千田から日本の復興支援の経験を学び、現地に活用できる方法を考えるようになっていった。キアラは、次第に各自治体職員から、「計画策定の専門家」と呼ばれるまで信頼され、千田の片腕以上になっていった。

　千田らプロジェクトチームは、2014年7月以降、各自治体とワークショップを重ねた。ワークショップでは、藤堂がプロジェクトで作成した高潮・洪水のハザードマップを丁寧に参加者に説明し、理解促進を図った。また、千田はハザードマップを活用して、次の災害に備えた構造物対策、避難計画などの非構造物対策の見直しの重要性も丁寧に説明した。

　避難計画策定支援を担当した千田と荒木元世は、キアラと共に避難計

ハザードマップの使い方を説明

画に必要なバランガイごとの避難者数、避難所の強度確認、避難所の収容可能避難者数などデータ準備の手引書を作成し、各自治体に提供した。自治体職員は、その手引書に従い、住民と協力してデータを収集し、避難計画策定作業の一歩を踏み出した。タクロバン市に対しては、試行的に市内の避難施設の被害状況や強度等の点検を行い、その利用可能状況を示した地図を用意した。同時に、施設容量や利用するバランガイの避難人口を精査し、避難計画の検討を進めた。こうして自治体と住民による安全なまちづくりのための避難計画の改善が始まった。

第6章

台風ルビーによる検証

台風ヨランダの再来・台風ルビーの来襲

　100年に一度の超大型台風ヨランダによる甚大な被害から1年が経過した、2014年12月。時あたかもフィリピンからの第1回招へい者が宮城県東松島市を訪問している最中、「台風ヨランダ並みに発達した大型台風ルビー（国際名ハグピート）が、プロジェクト対象地域に接近している」というニュースが飛び込んできた。関係者の間に「台風ヨランダ災害から1年しか経ってないのに、また大型台風が来るの！?これからどうなるのか…」という不安がよぎった。

　台風ルビーは、2014年12月3日から12月4日にかけての24時間で、中心気圧が55hpa低下して905hpaに達し、中心付近の最大風速60m/s、最大瞬間風速85m/sと、台風ヨランダの最盛期（11月7日21時：895hpa）に匹敵する「猛烈な」強さとなった。台風は勢力を維持したままプロジェクト対象地域であるサマール島、レイテ島のあるビサヤ地域に接近した。

　現地では、タクロバン市をはじめ、各自治体が、本プロジェクトが作成したハザードマップを見ながら、避難所や避難経路の確認、移動手段など、具体的な避難計画づくりに取り組んでいる最中だった。

台風ルビーの予想進路　　　　　　　　　　　出所：日本気象庁

第6章　台風ルビーによる検証

台風ルビー接近により避難所に向かう住民

　12月4日、フィリピン大統領からあらゆる準備を行うよう指示があり、国家災害リスク削減管理委員会（NDRRMC）が開かれた。12月5日、PAGASAより、プロジェクト対象地域であるビサヤ地方に警報が出された。12月6日、台風の強度も「非常に強い」から「猛烈な」に格上げされた。

　JICAフィリピン事務所も、台風ヨランダの経験を最大限生かし、台風の予想経路にいる青年海外協力隊を安全な地域に避難させ、在フィリピン大使館と連携していざという時初動が迅速にとれるよう、万全の体制で臨んだ。プロジェクトチームの避難も検討したが、次の災害に備えてこれまでフィリピン関係者と一生懸命取り組んできたのだ。現地に残るという山本らの意志は強く、台風ヨランダでも大きな被災がなかったホテルの3階にこもり、いざという時に迅速な対応がとれるように備えた。

　台風は勢力を強めながら、同日21時15分ごろにビサヤ諸島東サマール州のドロレス付近に上陸した。上陸地点は、予想よりやや北側（サマール島の北側）となり、幸いにもプロジェクト対象地域が集中するレイテ湾沿いの沿岸域への影響は少なかった。台風ヨランダで発生したような高潮は、その中心が逸れたためにレイテ湾沿いでは報告されなかった。

台風ヨランダと台風ルビー比較表

	台風ヨランダ（最盛時）	台風ルビー（報告時）
強さ	「猛烈な」	「非常に強い」
中心気圧	895hPa	935hPa
最大風速	65m/s	50m/s
最大瞬間風速	87.5m/s	70m/s

出所：NAMRIAの情報をもとに筆者が作成

　その後、台風はゆっくりとした速度でフィリピンを横断したのち、12月11日21時に南シナ海の北緯13度・東経112度で熱帯低気圧になった。国家災害リスク削減管理委員会（NDRRMC）が発表した被害状況は、被災者数：2,915,262人（694,277世帯）、避難者：868,624人（186,694世帯）、被災家屋数：47,803棟、死者19人、負傷者数916人。インフラへの影響は、電力：サマール州、レイテ州など、全国3地域12州で停電が発生。タクロバン空港は支援のための軍用機の発着のみとなった。

　幸いにも、プロジェクト対象地域の死者、重軽傷者ともにゼロだった。被害が最小限に抑えられた要因の一つには、台風ヨランダよりも進路が北になり、結果として高潮が発生しなかったこと。台風ヨランダの被災経験を踏まえた、自治体および住民含む地域社会による台風ルビーへの事前行

台風ルビーによる強風で倒れた建物

動があげられる。

ハザードマップを活用、犠牲者ゼロ

　台風ルビー通過後、プロジェクトチームは、自治体や住民に聞き取りをして、現地の対応状況を整理した。これまでの支援の成果や今後優先的に取り組むべき課題を整理するためだ。

　現地では、台風ルビー発生の知らせがあった時から、タクロバン市などの自治体から、プロジェクトチームに「ハザードマップをもっと提供してほしい」という問い合わせが連日あった。1カ月前に各自治体にハザードマップとデータを引き渡した矢先だったが、自治体内でハザードマップを共有していないのか、問い合わせが続いた。プロジェクトチームのキアラたちは、電子データや印刷したマップを可能な限り自治体に届けるなど、対応に追われた。

タクロバン市での災害対策委員会の会合（関係者に説明するタクロバン市長　写真右）

　タクロバン市では、台風接近の情報が入ると、市長が災害リスク軽減監理委員会を招集し、本プロジェクトで提供したハザードマップ上に特定した避難所を公開するなど、避難所の情報を住民に示し避難を呼びかけ

た。住民の多くは、台風ヨランダの際、自治体から事前に避難場所を知らされていなかったという。台風ルビーの際には、タクロバン市、パロ町、タナウアン町など、本プロジェクトで避難計画の支援を受けていた自治体では、ハザードマップを活用して、避難所の特定および避難者のリスト化を進めていた。これが功を奏し、自治体から各バランガイを通じて住民に避難所の情報が迅速に伝えられた。これにより、大きなパニックなく避難を始めることができた。

　また、PAGASAから台風ルビー情報が入ると、早いところでは台風上陸5日前から避難を始めるなど、住民の避難始動は早かった。自治体からは首長自ら出動し、海岸近くの非居住地域住民を自治体が半ば強制的に全員避難させたことも被害最小化に貢献した。タクロバン市長は、説得が難航していた海沿いの家に住む男性を自ら訪れ、「市として避難は勧告した。何かあったら自分で対応しろ」といって、遺体袋を手渡したという。それを見て、男性は重い腰をあげた。台風ヨランダの何千もの遺体を葬った市長ならではの警告だった。台風ヨランダの教訓が、自治体や住民の早期対応に結びついた。ハザードマップがあっても、自治体が住民に避難

タクロバン市で準備した緊急食糧

を呼びかけても、住民が適切に避難所に避難しなければ被害者ゼロの成果は得られなかったに違いない。

台風ルビーの教訓と課題

2015年3月、JICAは「Build Back Betterへの道」と題したプロジェクトフォーラムを、タクロバン市と首都マニラでそれぞれ開催した。タクロバンには、本プロジェクトで協力する自治体、関係機関、養殖や食品加工グループ代表者が、マニラには関係中央省代表者やドナー・協力実施機関、自治体代表者などが参加した。

フォーラムで発言するソンコ国家経済開発庁次官

同フォーラムでは、各自治体首長、国の出先事務所代表者や食品加工代表者などが、活動の進捗、成果、課題を共有した。特に台風ルビーの対応、活かされた台風ヨランダの教訓、事前に取り組んだ活動の成果、新たに得た教訓と課題が共有された貴重な機会となった。同フォーラムで共有された台風ルビー対応の教訓と、台風ルビー後に各自治体やバランガイの代表者などに聞き取りした結果から、見えてきた優先課題をここで簡潔に整理したい。

1) 避難所の不備と不適切な対応

被災者への聞き取りによると、「台風ヨランダ」の際、住民は指定された避難所に避難したものの、台風接近に伴い施設の強度に問題のあることがわかり、急遽他の避難所を探さざるを得なかったケースや、避難所自体が高潮や強風で全壊し、避難者が亡くなったケースがあった。

台風ルビーの際のタクロバン市避難所の様子　　　　写真提供：タクロバン市

「台風ルビー」の際も、自治体が事前に指定した避難所の強度に問題があることがわかり、急遽、教会、個人宅などに掛け合い、避難者を受け入れてもらったり、洞窟へ避難したケースが複数確認されるなど、台風ヨランダ時と同じ状況が起きていたことがわかった。また、ほとんどの自治体が、指定した避難所だけでは、すべての避難者を収容できなかった。事前に自治体と協議していなかった一部の学校では、避難者受け入れを拒否したり、学校関係者の家族、親類のみを事前に受け入れたケースも報告された。

次の災害に備え、自治体による避難所の強度確認と、防災拠点として機能し得る避難所の確保は急務と判断された。また、各バランガイによる避難者数の把握と、バランガイごとの避難所の確保が急務であることも浮

き彫りになった。

　適切かつ十分な数の避難所を確保するため、学校、大学、教会など既存の施設先と避難所としての活用について協力協定を事前に結び、避難者受け入れおよび適切な避難所運営について相互に準備する必要性もあげられた。

2) 避難者リスト作成を迅速に

　避難所の特定とともに、避難者リストの作成も速やかに進める必要があることが、自治体関係者から指摘された。円滑な避難を行うには、指定された避難所の避難者を世帯ごとにリスト化することが欠かせない。日本への招へい参加者が、「東松島市で学んだ世帯ごとの避難マップは非常にわかりやすかった」と語っていた。タクロバン市などでは試行的にバランガイレベルの避難マップを作成することになった。

3) 避難所までの交通の確保

　台風ルビー対応で、絶対的に避難所までの交通手段が足りないことも明らかになった。自治体の車両ばかりではなく、商業用の車両の動員計画および避難者のピックアップ場所の特定などきめの細かい避難手段とルート確認が重要課題とされた。

4) 避難所運営上の問題

　前述したとおり、台風ルビーの際には、台風襲来の5日前から小学校などの避難所にやってきた住民が多かった。早期避難者は各自で数日間の食料を持参する人が多かったが、中には、避難所での食糧配給を頼りに避難した人たちもいた。台風通過後安全が確認されたものの、帰宅せずに避難所にとどまる避難者も見られた。避難者を受け入れていた学校では、強制的に避難者に帰宅してもらうこともできず、外にテントを設営して授業せざるを得なかったなど、学校運営に支障をきたした地域もあった。

　非常に混雑した避難所では、避難者が体調を崩したり、避難者同士の摩擦も生じた。複数の首長からは、避難生活中の避難者の体調維持

避難所の子供たち　　　写真提供：タクロバン市　　避難所で過ごす女性たち　　写真提供：タクロバン市

や、避難者同士が快適に過ごせるように、避難所ごとに運営リーダーを事前に決めておくという提案があった。また、より多くのボランティアを確保することや、数日間滞在予定の避難者には、最低3日間の食料を持参して避難するよう呼びかけを徹底し、自治体の負担を軽減するなどの教訓も得られた。各自治体では、高齢者、障害者、妊婦、子供など社会的弱者に配慮した避難所運営に最優先で取り組む必要性が確認された。

　各自治体首長からは、既存の避難所にキッチン、シャワー施設、トイレ、体育館のような多目的施設を増設すること、より多くの避難所として学校・教会などと協定を結ぶなどして、効率的に確保すること、避難所に可能な限り救急品、食料、衛生用品などを備蓄できる施設の確保も同時に進めるといった発言もあった。避難所に家畜を連れてきたり、避難中の盗難を恐れて事前に取り外した屋根材とともに避難する住民も少なくなかった。今後、住民への避難対応の啓発活動が重要になることも確認された。

5）電気・水・通信の早期確保

　台風ルビー上陸の際に、各自治体で停電あるいは携帯電話が不通になった。給水が一時停止した自治体もある。東日本震災の教訓としても挙げられているが、被災後の電力、給水手段、通信手段確保は、その後の緊急対応に欠かせない。

第6章 台風ルビーによる検証

コラム　ベルナダスの涙

　2015年3月5日。マニラで実施したプロジェクトのフォーラム。タクロバン市防災担当官のベルナダスは、本プロジェクトでの避難計画づくりの進捗状況や、台風ルビー対応を発表するため、会場の壇上にいた。マイクを前に発表を始めたが、しかし間もなく言葉に詰まってしまった。「タクロバン市では……」。なんとか言葉を発しようと葛藤しているようだが、言葉にならない。いつものはつらつとした、大きな声が出てこなかった。「どうしたのだろう」。会場は静まり返る。

フォーラムで発表するベルナダス

　ついに彼は泣き始めた。

　隣に座っていた復興支援大統領補佐官室の次官補が心配になって、思わずハンカチを渡した。

　ベルナダスは、フォーラムの休憩時間に、涙の訳を語った。被災後初めて（被災から1年4カ月後）タクロバン市を離れ、これまで自分たちが必死になって取り組んできた活動を振り返り、思わず涙が止まらなくなったのである。長い間、保ち続けてきた緊張の糸が一瞬切れたようだった。しかし、彼の表情はとても穏やかだった。

ハザードマップの理解促進を呼びかける

　台風ルビー対応についての現地ヒアリング結果から、住民の間で台風ヨランダの被災記憶がまだ鮮明に残っていたことで、自治体関係者および住民の避難意識の高さと台風ヨランダ以降の備えが、迅速な行動につながったことがわかった。一方、今後取り組むべき多くの課題も明らかになった。次の災害に備えた避難計画策定や土地利用計画の見直しを急ぐこともその一つだった。

　各自治体の首長や防災担当官、計画官らと、プロジェクトチーム、平林らは、対話を繰り返し、避難計画と土地利用計画改訂作業の進め方を協議した。計画策定を進めるにあたり、プロジェクトが提供したハザードマップの理解促進を徹底すること、防災啓発を住民に継続して行うことが、優先課題の一つであることを各自治体と確認した。その先に、より具体的な避難計画策定や土地利用計画改訂を見据えた。

　課題はまだまだあった。ハザードマップ作成時に採用した災害予測とリスク評価に伴う不確実性を認識し、同マップの限界を理解すること。そのうえで、ハザードマップを計画策定に活用すること。ハザードマップの自治体

ハザードマップを見ながら協議する自治体職員

内の適切な保管による情報の一括管理体制の整備も必要だった。また、ハザードマップ周知のためには、英語のみでなく地域の言語によるポスターの掲示、ラジオや車両巡回などのきめの細かい配慮も重要となる。策定した避難計画に基づいて、避難訓練や防災教育などを地域社会の中で定期的に行うことで、防災の意識化を推進し、次の災害時の迅速かつ適切な対応が確保されるのだ。

構造物対策と非構造物対策のコンビネーションによる防災・減災の取り組みに、地域の住民との協議および合意形成が欠かせないことは、東松島市から得た教訓でもあった。これら計画づくりでの意思決定の機会には、住民代表者や住民組織関係者が必ず参加する仕組みを自治体と住民で作り、機能させることも常に留意が必要だ。

こうして台風ルビーは、各自治体関係者や住民に被災経験の風化を防ぎ、次の災害への備えで今後重点的に取り組むポイントを現地の人々に認識させる機会を与えた。プロジェクトチームは自治体から今まで以上に信頼と期待を得て、彼らとひざを突き合わせて協力する下地ができあがった。台風ルビー対応から得た貴重な教訓と課題が、自治体や住民の間で新鮮なうちに、プロジェクトチームは、災害に強いまちづくりに向け、各自治体への働きかけを再び開始した。

避難計画づくりが本格化

タクロバン市では、台風ヨランダ前に73の避難所が指定されていた。しかし、台風ヨランダによる高潮と暴風で、複数の避難所が被害にあい、尊い命が失われた。もう二度と同じような悲劇が起こらないよう、ベルナダスらは千田、荒木、キアラらの助言を受けつつ、プロジェクトが提供した高潮ハザードマップを見ながら、タクロバン市内のより安全な地域を確認し、候補となる避難所の特定を進めた。その後、避難所候補施設に出向き、その強度をエンジニアと共に一つ一つ確認し、利用可能な避難所を確認

する作業を進めた。

　プロジェクトチームとタクロバン市が共同で行った調査では、台風ヨランダの被害を受けた建物の改修の多くが、外見的な修復にとどまり、構造的に補強されたものが少ないことがわかってきた。結局、利用可能と判断された避難所は、台風ヨランダ前に指定された施設数の約半分にあたる47だった。これでは、すべての避難者を収容できないことは明らかだった。千田らは、ベルナダスに不足する避難所を確保する方法を助言した。台風ルビーの際、タクロバン市では教会や大学などを、急遽避難所として利用できるよう交渉し、不足した避難所を補っていた。そこで、次の災害に

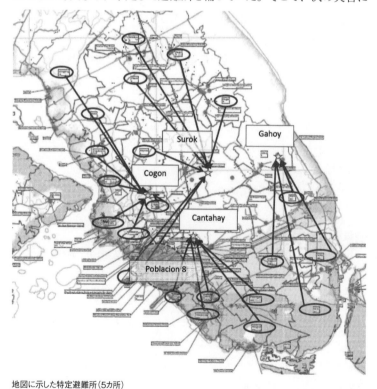

地図に示した特定避難所（5カ所）

備え、事前に安全性が確認できた教会や学校などの公共施設と市が避難所として利用できる、協力合意書を交わすことを検討することになった。

台風ルビー時の避難状況について、自治体や住民に聞き取りしたところ、多くの課題が明らかになった。「住民が自治体の指定する避難所と違うところに避難した」「避難者登録漏れにより避難所運営に支障をきたした」「避難所を特定する前に住民が移動して受け入れ先に混乱が生じた」。各自治体では、事前に安全な避難所を特定し、住民に周知する作業が急務だった。タクロバン市では、住民のIDカードを作成し情報を一括管理して、世帯ごとに避難所を指定する仕組みを導入した。

女性チームによる避難の呼びかけ(タクロバン市の避難訓練)

台風ルビーをきっかけに、タクロバン市ベルナダスをはじめ、各自治体の防災担当官らは、プロジェクトチームの助言にこれまで以上に真剣に聞き入るようになった。そして自治体職員と住民は避難者の把握、避難所の強度確認、特定した避難所までの避難ルート・避難手段の確認など、住民を守る避難計画の改善を加速させていった。

災害に強いまちづくり計画にも着手

　「タクロバン市として、防潮堤建設など個々の復旧・復興事業が別々に進む前に、市全体の開発の方向性を持ちたい。そのために今後10年の開発の方針を示す土地利用計画を改訂しなくてはいけない。しかし、コンサルタントなしでどのように進めたら良いのかわからない」。市の計画担当ジャニスは、「（本プロジェクトチームに）土地利用計画の内容だけでなく、計画改訂の技術支援もしてもらえないか」と熱い思いを語った。

　タクロバン市では、ヨランダ災害後に作成した復旧・復興計画で、従来から構想のあった「タクロバン北部マスタープラン」が策定され、市の条例で指定した沿岸部非居住地域住民の北部移転を徐々に進める計画が盛り込まれた。この計画と関連して、タクロバン市と公共事業道路省の間では、プロジェクトが提供したハザードマップをもとに、防潮堤およびかさ上げ道路建設計画の協議が始まっていた。同じころ、台風ヨランダによる甚大な被害により、フィリピン政府からタクロバン市を含む被災地自治体に対して、土地利用計画を改訂する指示が出ていた。土地利用計画は、市や町の復興の羅針盤になる重要な基本計画だ。

　フィリピン政府の復興財源が限られる中で、非構造物対策の推進は、災害に強いまちづくりに効果的であると考え、本プロジェクトではタクロバン市からの要請を受けて、土地利用計画改訂の支援を行うことになった。今回の土地利用計画改訂で、タクロバン市が特に重視した点は、ハザードマップを使用して高潮や洪水の被害を受けやすい地域を見いだし、次の災害に備える方策を計画策定プロセスに取り入れることと、この作業にバランガイ代表の参加を促進させることだ。「自治体と住民によるハザード分析をどのように計画に反映させるか」。まさにプロジェクトチームが、災害に強いまちづくりのために各自治体職員などに助言してきた重要な視点の一つだった。

第6章 台風ルビーによる検証

市の職員らが参加したワークショップ

　千田らプロジェクトチームが、タクロバン市関係者に災害に強いまちづくりの考え方を示し、都市計画の提案を行った。様々な議論の結果、タクロバン市は連続ワークショップ、題して「みんなで考えて、みんなで決める」で、土地利用計画改訂作業を行うことになった。作業の詳細を詰める過程で、「タクロバン市に住むみんなで考えるんだ！」という市の計画担当職員ドローレスとジャニスの熱意が、当初、土地利用計画改訂に積極的ではなかった都市計画部長の心をも動かした。

　もちろん、トントン拍子に進んだわけではない。土地利用計画改訂ワークショップが始まって以来、毎朝毎晩、議論と調整の繰り返しで、職員は休日も返上して作業を行った。その後、ワークショップの回数を重ねるうちに、計画部長と職員との距離感もなくなっていった。職員の中には多忙中、何度もワークショップに招集され、不満があったかもしれない。しかし、部長がうまく調整したのだろう。ワークショップの参加率は回を重ねるごとによくなった。

　ワークショップでは、タクロバン市職員が、タクロバン市の現状を学ぶことから始めた。千田らは、ハザードの捉え方、現況と比較したハザードエリアの分析と対策のオプション、それぞれの可能性等を説明した。千田は

市の職員とハザードマップを見ながら協議する中で、ドローレスやジャニスら計画官が、地図が読めないことに気づいた。彼らは、地図を見て現地の高低差をイメージできず、平面でしか計画を考えられないようだった。また、土地利用に災害リスク軽減の視点も欠けていた。千田は言う「例えば、タクロバン市内から10km以上離れた北部移転予定地に行くまでのアクセス路、浸水域、湿地帯の排水路など要注意点を地図を見せながら教えた。ジャニスは、その後、休みの日に現場に行き、地図に出ていたものを確かめていた。素晴らしい努力家だった」。

ワークショップで発言するドローレス

市が実施したバランガイ代表者を対象としたワークショップでは、ワークショップの進め方について、熱く語るドローレスの活き活きと、また高揚した姿が見られた。このワークショップを機に、タクロバンの土地利用計画改訂作業はジャニスとドローレスの二人三脚から全員全脚、自治体と住民代表者が肩を組んで取り組んだ。

無事だった浮沈式生簀

ところで、今回の台風ルビーで実施途中であったQIPSはどうなったのだ

ろうか。プロジェクトチームは、台風ルビーの影響がないか、現地の状況把握に努めた。

待ちに待ったミルクフィッシュの収穫

バセイ町漁民への浮沈式生簀の導入によるミルクフィッシュ養殖支援では、細川らの指導と漁民らが積み重ねた努力の甲斐があり、いくつかの生簀で大きく育ったミルクフィッシュの収穫が始まった。

いよいよ収穫の日。「水揚げする魚を見たい！」。どこからともなく大人ばかりでなく、子供たちも集まってきた。漁民や村人たちにとって、待ちに待った瞬間だった。台風ルビーにより、周囲の生簀は被害を受ける中、浮沈式生簀は無事だった。漁民たちは、台風ルビー接近の情報を聞くと、指導を受けたとおりいち早く生簀を沈めた。生簀の側張りが台風による波浪を回避した。これこそ、Build Back Betterの実現でもあった。今後、台風の被害がなければ高値で収穫した魚を売れるチャンスに転換できる可能性がある。「やっと生活に光が見えてきた」と漁民や村人たちは活気づいた。

バランギガ町のTESDA訓練校校舎建設は、基礎工事のため地面を掘削すると、地下水が染み出てきた。被災した校舎はもともと地盤の弱いところに建設されており、山本らは「Floating Building（水上家屋）」と

皮肉っていた。染み出てくる水に苦戦していた工事現場では施工業者が急遽、排水用ポンプを用意し、排水しながらの工事になった。

当初は地下水との戦いが続いたこの工事だが、臼井とノエルが実地訓練をしながら建設は着実に前進し、TESDA訓練校の校舎は無事完成した。

校舎の引き渡し式には、プロジェクトから、作成した溶接と屋根工事のビデオ教材もTESDAに引き渡された。台風ヨランダ被災地では、日本の建築・建設技術と安全に作業に取り組む心構えを取り入れ、復興を担う人々を育成してきた。現地の人々に寄り添い、わかりやすく技術を伝えた。人材育成とは、共に学ぶプロセスでもあった。

これからは、完成した校舎で調理、新製品の開発、ホテルサービス指

地下水を除きながら進めた工事現場

プロジェクトで作成した視覚訓練教材

完成した訓練校舎とTESDA職員たち

ミルクフィッシュの骨抜き作業

導などの授業が再開される。被災後、新設された校舎に、命が吹き込まれる。この他、市場再建、州の保健施設、学校校舎なども無事完成し、2015年4月までにフィリピン関係者に引き渡された。被害を受けた公共施設が再建され、それぞれの施設で、活動が再開される礎ができた。

　場所はかわり、トロサ町のヨランダが支援する女性グループによる食品加工。その活動場所としてプロジェクトで建設していた多目的施設は、台風ルビー接近の際、周辺住民の避難所となった。その後、同施設は内装工事を終え、町役場の隣に完成した。台風ヨランダ被災前、女性グループは自宅周辺のスペースを使って製品を作っていたが、念願かなって新しい多目的施設で食品加工ができるようになった。トロサ町のヨランダ職員が声をかけて集めた意志ある女性たちが、生活の再建や町の復興のために、笑顔を絶やさず作業に取り組んだ。

　女性グループの活動は、加工食品の製造販売以外でも効果を現し始めていた。トロサ町のヨランダ職員は、力強く語った。「食品加工に参加しているメンバーは、町内で定期的に開く女性集会で、積極的に発言するようになってきた。活動が少しずつ発展するにつれ、メンバーの意識が徐々

女性グループが作った骨抜きミルクフィッシュが並ぶ地元スーパーの売り場

に変わってきているようだ」「女性たちは、グループ活動に参加することで、メンバー同士で会話が弾み、被災で受けた精神的苦痛が癒されているようだ」。乾麺を生産しているグループメンバーは、「今の活動から得られる収益は限られたものだけれど、今後、活動を拡大して、いずれは自分たちの加工施設を建てたい」と夢を語った。自分たちの夢に向けて、女性たちは一歩ずつ踏み出し始めた。

コラム　QIPSを支えたドリームチーム

プロジェクト事務所にあるキッチン・ダイニング。今日もランチタイムがやってきた。地元でとれた魚をふんだんに使ったフィリピン料理がテーブルに並んでいる。ナショナルスタッフと日本人専門家たちは、食事をしながら今日も談笑する。

3つの州で15以上の現場が同時に動くQIPS。それぞれの現場を支えたのが、優秀で底抜けに明るいナショナルスタッフチームの面々だ。真剣な表情で仕事に打ち込む姿と、ランチタイムでほっと一息いれ、笑顔が絶えない彼らの表情。そのギャップからプロ魂を感じ、ま

加藤宏理事（中央奥）を囲むナショナルスタッフ

ぶしいほどだ。平林らは、いつしか彼らのことを「ドリームチーム」と呼ぶようになった。

　彼らの多くは、台風ヨランダで被災したレイテ州のドゥラグ町出身だ。山本、木全らは、ナショナルスタッフから、現場の詳しい進捗状況や課題を的確に教えてもらった。「これまで他の国のプロジェクトで雇用したナショナルスタッフのほとんどは、言われたことはしますが、自分から業務の問題点や改善点などを積極的に発言することはありませんでした」と山本は言う。

　しかし、ドリームチームのメンバーは、それぞれが、日本人の補助業務ではなく、専門家としての意識をもち、プロジェクトの実施に積極的に携わった。地域の慣習や人々の考え方等、日本人には見えない問題をつぼみのうちに山本らに報告した。

　山本は「1言えば、10理解して行動に移すスタッフだった」と振り返る。日本人専門家とドリームチームとの一体感は抜群だった。お互いの役割と才能を尊重しあった。だからQIPSチーム内の綿密な打合せは皆無だった。山本らは、事業を動かしながら、直面した課題を一緒に考え、解決策を見出し、山本の責任でGoサインを出した。この繰り返しだった。山本は言う「20年以上この仕事をしていますが、これだけ質の高いナショナルスタッフと一緒に仕事ができたのは、初めてです」。

　クリスマスパーティを事務所で開いた時、ナショナルスタッフと日本人関係者は、用意したカラオケセットで、歌い続けた。一人一人が心から楽しむエンターテナー。全員が一つの家族のようだった。

　プロジェクト開始から2年経過したある日、ナショナルスタッフの発案で、大きく書かれた「One team」の周りをプロジェクトチームメンバーの名前で飾ったポロシャツが作られた。チームの結束力を象徴するこのシャツを着て、ドリームチームは最後の最後まで現場に向かった。

ナショナルスタッフが作った「one team」ポロシャツ

第7章

東松島市の震災復興に学ぶ

支援に手をあげてくれた東松島市

　台風ヨランダの復旧・復興支援には、同様に巨大な自然災害の被災体験をもつ日本の地方都市の、献身的な協力があったことを見落としてはならない。2011年3月11日の東日本大震災で、死者・行方不明者あわせて1,100人を超える犠牲者を出した宮城県東松島市である。台風と地震という災害の違いはあっても、高潮と津波という災害の類似性と、全壊した家屋や寸断された道路を復旧し、災害に強いまちづくりに取り組むなど共通点も多い。また、実際に被災した者でなければ伝えることのできない復旧・復興の経験や学びがある。東日本大震災の教訓はどのように台風ヨランダからの復旧・復興に活用されたのか——本章で、東松島市の取り組みを振り返りたい。

レイテ州知事（左から2人目）と支援課題について話し合う調査団（右から橋本会長、高橋復興政策班長、黒柳俊之理事、左端は佐々木JICAフィリピン事務所長）

がれきが自然発火している（レイテ島タクロバン市）

　台風ヨランダ来襲のあった2013年末。東北の東日本大震災被災地は、どこもまだ復興道半ばという状況にあった。ほとんどの自治体が自分たちの復興事業で手一杯な中、台風ヨランダの被災地復興支援に手を挙げてくれたのが、日本三景松島で知られる宮城県東松島市だった。JICAが東松島市に期待したのは、地域社会の復興経験の共有と、復興の教訓に基づいた被災自治体などへの助言であった。まずはフィリピン被災地視察と現地関係者との経験共有から始めることになり、東松島市から2人の先遣隊が派遣された。東日本大震災における同市復興政策課復興政策班

長の高橋と、東松島市商工会会長の橋本孝一である。

　2014年1月、2人はタクロバン空港に降り立った。東松島市から仙台空港に行く鉄道は再開しておらず、バス移動に始まる長旅となったが、そんな疲れも見せず着いたその日から精力的に被災地を見て回った。海と山に囲まれた地形は似ており、人口はむしろタクロバン市の方が多く5倍以上になる。にもかかわらずがれきの山を前に橋本は、「東松島市に比べればがれきが少ないね」と第一印象を見宮に漏らした。元々の建造物の建築資材や大きさの違いはあったが、被災から約2カ月で流された資材は被災住宅の再建に利用され、プラスティックや金属等の有価ごみなども収集され道端で売買されていた。

　橋本は、東松島市のがれき処理を一手に担った実績をもつ。最も有効な戦術は、人海作戦によるリサイクルだった。日本における廃棄物処理コストは非常に高い。そこで、まだ使えるものはリサイクルすることで大幅に処理コストを下げ、かつリサイクルに従事する労働機会を創出した。東松島市は、東日本大震災被災地における記録的なリサイクル率97％以上を達成した。ところがなんと貧困率が高いこの地域では、トタン屋根から端材まで使

東松島市での被災者によるがれきの分別作業　　　　写真提供：東松島市

えるものは住民がかき集めて再利用したため、東松島市に近い取り組みがすでに自発的に実施されていたのだった。橋本も高橋も驚きを隠さなかった。

2人が被災地の違いを痛感したのは、被災地住民の明るさだった。高齢化と過疎化が進む東北と異なり、フィリピンは子供が多く、特にタクロバンなどの都市部の人口密度は非常に高い。橋本は、むしろ元気をもらったという。

自然景観に恵まれた東松島市

それから数カ月後、JICA本部は、高橋・橋本の両名を本プロジェクトの国内支援委員に迎え、現地および日本国内で復興経験・教訓の共有とプロジェクト運営の助言をしていただくよう、東松島市長の承諾を得た。これを機に、本プロジェクトと東松島市の人々との協力と交流がさらに深まることになった。

大高森からの景色（ホームページより）

そこでまずは、宮城県東松島市の紹介をしたい。東松島市は宮城県のほぼ中央に位置し、石巻市、松島町に隣接する。人口は40,138人（平成27年4月1日現在。震災前人口43,142人）。東北地方では暖かく積雪が少ない温暖な地域だ。JR仙石線、三陸自動車道が市内中央部を貫き、

仙台市からの移動時間は40分程度だ。海、山、川の自然がそろい、それぞれがすばらしい景観を形成している。

特に、公益財団法人日本離島センターが企画する「しま山100選」に選ばれた大高森からの松島四大観・壮観と日本三大渓嵯峨渓の眺望は見ごたえがある。嵯峨渓の遊覧船、海水浴や潮干狩り、釣りなどのマリンレジャーが楽しめる場所が豊富で、震災前は年間約110万人の観光客でにぎわった。また、航空自衛隊松島基地では、毎年夏に航空祭が開催され、ブルーインパルスの展示飛行などを目当てに、全国から航空ファンが訪れていた。主な産業には、米・野菜栽培、奥松島の極上カキ、皇室に献上される高品質の海苔養殖などがある。

東松島市が大地震に見舞われたのは、東日本大震災が初めてではない。2003年7月26日、1日に震度6の地震が3回発生した「宮城県北部連続地震」を経験した。この被災を教訓に、近い将来発生すると予想されていた宮城県沖地震に備え、「災害に強いまちづくり」を推進していたのである。しかし、2011年3月11日に発生した「東日本大震災」は、その想定をはるかに上回るものだった。

東松島市の復興事業に追われる中、フィリピンとの協力に先頭に立って精力的に動いた高橋。高橋を突き動かすものは何だったのか――。2011年3月11日午後2時46分に発生した、東日本大震災。すでに何度も被災後の緊急対応などの取材を受けている高橋だが、目を閉じながらゆっくり被災時のことを語ってくれた。

考えた辞職

地震発生直後、高橋は市役所の会議室に設けられた災害対策本部にいた。避難所になっていた野蒜(のびる)小学校にも津波が来ているという情報があり、救助活動をしつつ現場を見てくるように、との指示を受けた。高橋は津波を避けるため、山手を走り現地に急いだ。小学校の裏手の丘にたどり着

いた時、近くの平屋建ての集会所の屋根の上から、「助けて！」という声が聞こえた。持っていた無線で消防に救助要請を行い、腰まで浸かった冷たい水をかき分けて公民館に近づいた。がれきを建物にたてかけ、足がかりにして屋根によじのぼる。後から来た市の若い職員も、彼に続いた。

　作業は未明まで続いた。屋根に取り残された人は13人。そのうち7人まで救助できたが、残りの6人は低体温症で亡くなった。高橋は、朝、交代要員がくるまで必死に作業を続けた。

　高橋の自宅はこの屋根から約200m、目と鼻の先にあった。しかし、自宅は津波で流され、当時大学4年生だった長女は帰らぬ人となった。近所のお年寄りの荷物を持って避難していた長女を見た人がいたという。

　市民の命も、また家族すら守れない者は公務員である資格はない――自責の念に駆られた高橋は、折りを見て職を辞そうと考えた。しかし、周囲の人々から「宗（しゅう）ちゃん（高橋のニックネーム）助けてくれ、なんとかしてくれ！」と言葉をかけられ、辞職を思いとどまったという。

　当時、企画政策班長をしていた高橋は、被災翌日から食糧・物資確保、避難者を収容する体育館の確保などに動き始めた。市の職員たちは、水と食料の確保のため内陸地域、時には山形・秋田県まで車を出した。被災直後は、十分な水の確保ができなかったため、コップにいれた水をみなで分け合ってしのいだ。乾パンと水ばかりの食生活が続き、家族を失ったショックもあり、高橋の体重は10kg以上減った。

　市役所には、発災後に市長を本部長とする災害対策本部が設置され、市職員は緊急車両の通行確保、人命救助・行方不明者捜索と遺体収容、災害廃棄物仮置場への搬入とがれき処理などの緊急対応に追われた。市長、職員など150名以上が約1カ月半、市役所に寝泊まりしながらの緊急対応が続いた。高橋ら多くの職員も、ひげをそる暇もない状況だった。

　東日本大震災により、東松島市では1,110人（2015年12月末現在）の尊い人命が失われ、家屋被害も11,000棟を超えた。これは、同市全世帯

の約73％にあたる。浸水域は市街地の約65％（全国の被災市町村中最大）に達するなど、農地や漁港をはじめとする産業施設や社会基盤施設にも壊滅的な被害が生じた。

被災後の東松島市内の状況　　　　　　　　　　写真提供：東松島市

いち早く示した復旧・復興指針

　東松島市は、被災から1カ月後の4月11日、いち早く復旧・復興指針を示したことで知られる。震災前から市役所には、事務調整会議といわれる15人程度の班長クラスの会議があった。「被災後の緊急対応時にはこの実務チームが機能した」と復興に携わる担当職員の多くが口をそろえる。現場を熟知していた班長らが、救急対応、物資調達、食糧配給、避難所確保など様々な緊急対応を協議。その結果を災害対策本部会議に進言し、物事を動かしていった。

　緊急対応に追われつつ、高橋は事務調整会議のメンバーと調整した内容をもとに、東松島市震災復旧・復興指針の原案を作成した。停電が続く中、頭につけた懐中電灯の明かりを頼りにペンを走らせた。安全で衛生的な住まいの提供と生活再建、避難所の運営と環境整備など、市民生活の

復旧・復興の方針や、都市計画の見直し、集団移転の調整など、市街地復興に関する方針を盛り込んだ案を、関係者の間で協議して最終化した。これからの復興に向けて、その指針を1日も早く市民に示したかったのだ。

その原案が、市の震災復興本部により承認され、震災から1カ月後の4月11日に復旧・復興指針として市民に示すことができた。地元有力紙は、「被災後1カ月で、復興方針を出した自治体は非常に少ない」とこれを高く評価し、その詳細を掲載した。この指針が東松島市の復興に向けた大きな第一歩になったのである。

東松島市はこの基本方針をもとに、「東松島市震災復興基本方針」を作成し、6月13日に制定。その後、当初の復興基本方針をもとに復興まちづくり計画が策定され、市民と共に一歩一歩、計画が実施されていった。震災復興の先陣を切った東松島市。しかし、その経験が後にフィリピンの台風被災に活かされることになるとは、高橋はもとより関係者のだれも知る由がなかった。

東松島市の防災集団移転促進事業　　　　　　　　写真提供：東松島市

桁違いの復興予算

「私は東日本大震災で娘を亡くしました。被災者として、被災した自治体として、できる限りの協力をしたい」。

第7章 東松島市の震災復興に学ぶ

「被災地同士、手と手を取り合って共に進んでいきましょう」と力強く語る高橋班長

　2014年1月、東松島市2名の最初の現地派遣時、タクロバンとマニラでセミナーを開催した。冒頭に発した高橋の言葉の重さに、セミナー会場は一瞬静まり返った。東松島市のメッセージは確実に伝わった。その後の域内雇用確保や環境にも優しい効率的ながれき処理の紹介、市民との意見交換を繰り返して実施した高台移転計画を含む復興計画、リスクの度合いにより土地利用を区分化するゾーニング計画などの説明は、参加者の高い関心をひいた。震災前から取り組んでいた市民協働の仕組みが、発災後の緊急救援期に効果的に相互扶助機能を発揮したことも紹介された。当初、顔だけ出すと言っていたシンソン大臣や復旧・復興次官だったが、結局最後までセミナー会場を離れなかった。復旧・復興支援をプロの仕事とするコンサルタントとは違い、橋本も高橋も被災当事者である。復興事業を率い、今もその真っただ中にいる2人の話からは、血と涙と汗がにじみ出ていた。『環境未来都市』というビジョンを掲げて復興に取り組む東松島市は、フィリピン政府の『Build Back Better』の一歩先を行くものだった。

　ただし、日本の経験をフィリピンに反映するには、絶対的な条件の違いがあった。桁外れに違う復興予算だ。人口約4万人の東松島市は、10

年間で1,200億円。他方、フィリピンは、全土の被災者が900万人を超える中、1兆円。この復興予算を1人当たりに換算すると、東松島市で300万円、フィリピンでは11万円に過ぎない。協議やセミナーにおいて復興予算の話が出る度に、「裕福な日本だからできるんだろう、自分たちでは無理だ」という思いが、相手の顔や態度から読み取れた。予算がない中、日本の経験に基づいた「住民間のコンセンサス作り」がどこまでできるのか。この答えは、本プロジェクトに持ち越された。

東松島市調査団の滞在は5日間に及んだ。どこへ行っても彼らの貴重な体験は共感を呼び、同時にいくつかの課題を提示した。復興関連3大臣、3次官、被災地の5名の自治体首長と個別に面談し、生の経験や知見を共有できたことは大きな意義があった。見宮が2017年にシンソン大臣にインタビューした際、このセミナーを振り返りこう言った。「東日本大震災とはがれきの量こそ違ったが、台風ヨランダの場合もコンクリートのがれき処理はその後の埋め立て地の確保から始まり、手間もコストもかかった。日本の民間企業が申し出てくれたクラッシャーを使い、東松島の事例を活用してがれき処理が組織的に迅速にできたらよかったと思う」と。JICAが次の災害に備え、東松島市や民間と協力してできることがまだまだあると見宮は改めて思った。

台風ヨランダ関係者の招へい

本プロジェクト開始から1年近く経過したころ、JICAは、先の東日本大震災からの復興の取り組みを視察する事業に着手した。フィリピンの台風ヨランダ復興関係者を宮城県東松島市などに招へいし、関係自治体や市民と意見交換をする機会を設けたのである。招へい事業参加者は、フィリピン中央省、自治体関係者など毎回10名程度で、日本滞在期間は約1週間。2014年11月下旬に第1回招へい事業を実施し、2016年3月まで4回、計38名が東松島市など東日本大震災被災自治体を視察した。

同市での受け入れ先の調整や、復興の取り組みの説明、視察先の案

内など、東松島市の事務担当窓口となり招へい事業に尽力したのは、先遣隊としてタクロバンを視察し、フィリピン関係者とも面識のある高橋であった。高橋は資料や地図を見せながら、東松島市の復興計画策定プロセスや復興の取り組みを、丁寧にわかりやすく説明した。

市役所で説明する高橋課長(中央)

　壊滅的な東日本大震災の被害からの復旧・復興で大きな役割を果たしているのは、地域の「絆」であった。同市の83の自主防災組織に地区レベルから代表者が参加し、行方不明者の確認調査、避難所の炊き出し、避難所運営の話し合いが行われたこと。集団移転を含め年400回を超える復興計画の話し合いが行われた住民の合意形成プロセス、仮設住宅の運営状況、防災集団移転促進事業の進捗状況。さらには住宅建設補助、防潮堤建設状況など、山積みする復興課題への取り組みを写真を見せながら説明した。

　「集団移転を含む復興計画策定に住民同士の話し合いが進み、合意率が比較的高く推移したのは、震災前からこのようなコミュニティのつながりや住民組織の形成があったからと評価されています。集団移転の場合、日本では住民合意がキーワードで、合意形成が得られない場合は国

12月早朝、寒さにも負けず船に乗りカキ養殖を視察したフィリピンの関係者

からの計画への承認は難しくなります。今後も、合意が得られなかった住民への説明を継続して行っていく予定です」と、高橋は住民との合意形成の重要性とその難しさを力説した。

説明を受けた後、招へい事業に参加したフィリピン内務自治省次官から、「コミュニティを巻き込んだ復興計画、防災・減災の取り組みは非常に重要で、今後フィリピンでも、災害リスク軽減のための自治体運営の研修をする予定です」との挨拶があった。他参加者からも、「計画策定の意思決定のプロセスをもう少し詳しく説明してほしい」「住宅建設の補助財源はどうやって確保したのか」「被災者の負担分はあるのか」など、同じ復興に取り組む者として真剣な質問が続いた。

計4回の招へいの訪問先は、東松島市役所に加え多岐にわたった。野蒜防災集団移転整備地、災害後のエネルギーを自力で賄おうと生まれた一般社団法人東松島みらいとし機構（HOPE）によるスマート防災エコタウン、カキ養殖の現場、女性組織が経営する小売店、民間に運営を委託する備蓄倉庫、仮設住宅の運営に取り組む自治会長など、視察先の数の多さにすべてをあげきれないほどだ。どこを訪れても多くの市民が招へい者をあ

たたかく受け入れ、それぞれの活動の進捗や課題を共有することができた。

東松島市は、内閣府地方創生推進事務局が推進する環境未来都市に選定されていた。環境未来都市とは、環境や高齢化など人類共通の課題に対応し、環境、社会、経済の3つの価値を創造することで「誰もが暮らしたいまち」「誰もが活力あるまち」の実現を目指す、先導的プロジェクトに取り組んでいる都市・地域を指す。2014年12月、東松島市で開催された第4回「環境未来都市」構想推進国際フォーラムには、フィリピンからの招へい者も参加した。

心に響いた野蒜小の和太鼓(フォーラム会場にて)

同フォーラムは、「レジリエンス向上と環境未来都市」をテーマに先進事例を共有し、国際的ネットワークの深化に向けて議論を深めることが目的だった。フォーラムでは、招へい者を代表して、内務地方自治省地域事務所長が「コミュニティが持続可能な復興の柱になること、復興のために地方自治体、コミュニティ、国、外部支援が相互に連携して取り組むことが重要」と発表した。「みんな集まることが『始まり』、共に過ごすことが『前進』、共に活動することが『成功』」という実感のこもった言葉に、会場は一つになった。

> **コラム**　　ボランティアが勇気を与えてくれた／高橋徳治商店

　その日は週末で、高橋徳治商店の工場は閉まっていたにもかかわらず、高橋英雄社長は招へい者受け入れのために、対応してくれたのだった。震災後に再建した新工場の中に入った。完成したばかりで、何もかもが真新しかった。

　招へい者全員が席についた後、「被災して、自殺を考えた」と高橋社長は話を始めた。

　この言葉を聞いて、その場にいた参加者はハッとし、一気に集中した。高橋社長は、親から受け継いだ水産加工業を営み、かまぼこ、缶詰めなどを製造・販売していた。しかし、石巻市にあった3工場は、津波で流された。「工場の機械はほとんど被害にあい、従業員を食べさせていくことなどできやしない」。79名のスタッフは無事だったがその家族や友人が遺体で見つかった。壊滅的な工場の状況を見て、工場の立て直しはおろか、受け入れ難い現実、孤独と明日が見えない日々に、自分の命を絶とう、と高橋社長は考えた。途方に暮れていたころ、各地からボランティアがかけつけた。「もう一度工場を

フィリピンの招へい参加者に説明する高橋社長(写真右奥)

立て直しましょう！」と高橋社長はボランティアたちから声をかけられた。

　ボランティアたちは、被災した工場に入り、がれきや土砂、機械類の清掃を始めた。その思いと心に高橋社長自身も体と心を動かされ、再建にもう一度立ち上がろう、この被災地で本当に必要とされる会社になろうと決意した。そして、助成金・資金を借り受けて、被災から2年後、東松島市の内陸地に工場を新設し工場を再開した。

　高橋社長の熱のこもった話に招へい者全員が引き込まれ、あっという間に1時間半以上がたっていた。「質問はありますか？」と聞かれ、招へい者の一人が、切り出した。「私は台風ヨランダで妻を亡くしました。その時のショックは相当なものでした。しかし、高橋社長の話を聞いて、前を向いて進むこと、人のために尽くすこと、の大切さを学びました」。

　高橋徳治商店の訪問を終え、バスに乗り込みホテルへ向かった。道中、「私も台風で親族を亡くした。あの時は本当につらい思いをした。でも今日の話を聞いて、気持ちの持ち方の大切さを学んだ」と、涙を流しながら、参加者の一人が語っていた。普段は明るいフィリピンの人たちも、高橋社長の話を聞いて、台風ヨランダ災害の当時を思い出し、高橋社長の気持ちに共鳴していた。その時、被災者同士がつながっていた。最後に高橋社長の座右の銘でコラムを閉めたい。「忘れたことを忘れるな」（地域社会史研究家西脇千瀬の言葉より）。

復興の歩みを検証

　2016年7月、フィリピンの被災地に再び橋本、高橋が招かれた。東松島市で計4回実施した招へい事業以降、現地での取り組みや復興の歩みを紹介し、また東松島市の復興がどのレベルまで進んだのか、相互に情報を共有するセミナーが開催されたのである。高橋はここでも合意形成の

難しさに触れ、「復興過程で地域コミュニティ、女性グループ、農業従事者、漁業従事者など、多くの関係者の意見を取り入れるために話し合いを多く持った。住民の合意形成が円滑に進んだ地域では、その後の大幅な計画変更はなく、復興の工事などのインフラ事業が進めやすい。一方、合意形成が進まず住民の意見集約ができない場合は、実際の復興事業実施が難しく、また計画の変更を余儀なくされる場合もある」と語った。

東松島市は、昔からの地域コミュニティの濃密さやリーダーの存在、助け合いの精神など諸地域の特性から、このような話し合いの場を作ることや合意形成が比較的スムーズだった。特に、土地利用計画や集団移転地の話し合いでは、被災した住民グループが話し合いを繰り返し、合意形成に至った事例が少なくなかった。また、防潮堤の上に松を植え、将来の松並木の景観を楽しめるような工夫、人口約4万人のうち7,500人が移転する大規模な集団移転地での土地引き渡しや住宅建設開始、不登校児童へのケアの必要性、海苔・カキ・野菜などの地場産業の取り組みなど、ヨランダ復興に役立つ情報が共有された。

フィリピンの参加者である貿易産業省地域事務所長から、「プロジェクト

フィリピンでのセミナーで説明する橋本(右)

で支援しているミルクフィッシュ養殖やカキ養殖、これらの加工・販売は、安定して成長するには、今後、販路拡大が課題だが、東松島市の状況や工夫していることを教えてください」という質問が投げかけられた。東松島市にも農業法人の6次産業化で、米粉・麦粉を作り、加工したお菓子製造・販売の取り組みなどがあるが、産業復興には時間がかかる。商工業者の売り上げは震災前の7割程度（当時）しか戻っていない。日本でもフィリピンでも生計・産業の復興は容易ではなく、安定した収入を得るには時間もかかるのだ。

　フィリピンの貿易産業省地域事務所長からは、「フィリピンでは、生産者の販売免許の取得が大きな課題の一つだが、そのための支援をして、台風ヨランダ被災地で製造した製品が日本のマーケットにも届くよう、生産者と取り組んでいく」という決意表明があった。レイテ州、サマール州で作った製品が日本で見られる日は、そう遠くないようだ。

被災地交流から国際交流へ

　非常に盛況だったセミナーが終了した日の夕方、タクロバン市内のホテルで、高橋、橋本、フィリピンの招へい参加者、本プロジェクト関係者らが参加して、東松島市招へい同窓会が開かれた。招へいに参加した町長、自治体職員、国の出先機関職員、漁民代表者が、ほぼ3年ぶりに一堂に会した。遠くの東サマール州から来た参加者は、早朝出発して数時間かけてセミナーに駆けつけた。会場はとても気さくで和やかな雰囲気に包まれた。これまで共に過ごした時間が言葉の壁を弾き飛ばし、大きな笑い声が響きわたった。

　「フィリピンの被災地に来て子供の多さや町の活気を感じ、自分たちが元気をもらう。あの明るさはとても魅力的だった」「日本のやり方を持ち込むのではなく、現地で手に入るもの、自然に逆らわず、現地に適用できることを考えるのが大切だと学んだ」と、高橋・橋本は自分たちの復興経験をも

とに語った。

　復興のために多忙な日々を送る高橋らが、懇切丁寧に受け入れてきた招へい事業。その成果をこうして現地で確認できたことがうれしかった。

　「東松島市のすべての訪問地で親切な対応と暖かいおもてなしを受けました。私たちの復興の道のりも決して平たんではないと思います。フィリピンと日本では環境や条件は違いますが、決してあきらめず、東松島市での学びを忘れずに、復興に取り組んでいきます」と招へい参加者代表の挨拶があった。

　高橋は最後にこう述べて同窓会は幕を閉じた。「仕事がら、学校等に招かれ、子供たちに市の取り組みの一環として、国際貢献や国際協力の話をする機会が時々あります。JICAなどとの国際協力を通じて多くの外国の人たちが東松島市に来ることを話すと、子供たちは誇りに思ってくれます。世界は年々近くなっていくし、国際交流は子供たちや市民の心を豊かにしてくれると思います。被災時、国内外から助けていただいた私たちにとって、ご恩を返すことは当たり前のことだし、復興情報の共有は双方にメリットがあること。国を超えて、被災地の人と交流することは大切です」。

同窓会に集まった招へい元参加者たち（フィリピン側参加者、高橋、橋本、見宮、平林、プロジェクト関係者）

第8章

持続可能な復興に向けて

フィリピン政府が防災・減災への投資を決定

　2014年11月、台風ヨランダ上陸1周年の復興政策セミナーが、フィリピン政府の主催で開催された。実は、このセミナーを企画提案したのはJICAだった。停滞していた政府主導の復興事業クラスター[20]（複数のセクターの集まり）を活性化し、これまで1年間の活動レビューとともに今後の復興方針策定を推進することを目的とした。フィリピン政府とともに開発パートナーも一体化して復興事業を盛り上げるため、国連や世界銀行など他の開発パートナーにも参画を呼びかけた。JICAをはじめ各組織は、この機会をうまく活用して関心のあるクラスターに入った。

　もちろん、発案して簡単に物事が動くフィリピンではない。各タスクリーダーを招集しての会議、タスク内の作業指示、会場選びから参加者の特定など、JICA事務所と本プロジェクト関係者が復興支援大統領補佐官室とともに汗を流した。「なぜここまでJICAがしなければならないのか？」——見宮の自問自答は数知れなかったが、言い出しただけに後にはひけない。結果的に

フォーラムの開会式登壇者（左からソリマン社会福祉開発大臣、ラクソン大統領補佐官、ビナイ副大統領、シンソン公共事業道路大臣、JICA竹谷客員専門員、ハオリアン・スー国連事務総長補）

---

20) フィリピン政府が形成したインフラストラクチャー、生計向上、住宅などの6分野における省庁横断の政府内のタスクチーム。復興支援を計画・調整・実施する役割を担う。

このセミナーを通じて、JICAの復興支援は一躍脚光を浴びることになった。

開会の挨拶には、予定になかった副大統領が登場した。ラクソン復興支援大統領補佐官が働きかけたという。その後、別件でフィリピンに来ていた国連事務次長補も登壇する中、ラクソン大統領補佐官に続くKey Note SpeechにJICA専門員の竹谷が立った。竹谷は巨大なスクリーンに映し出される図表や図面にそって、改めてBuild Back Betterの重要性を訴え、1ドルの防災への投資が追って7ドルの被害を食い止めることを強調した。

シンポジウムの会場で、シンソン大臣から重要な発表があった。「アキノ大統領が、タクロバン市、パロ町、タナウアン町の高潮被害地について、高潮から護る構造物対策の早期工事実施を決意した」というのだ。しかも、予算はフィリピン政府が出すという。無償資金協力では予算が大きすぎるという理由で一度は立ち消えたJICAの提案が、フィリピン政府の事業として復活することになったのだ。フィリピン政府は、日本が強調した防災・減災への先行投資を決めたのである。

防潮堤建設計画に技術支援

2015年に入り、1周年イベントの際にフィリピン政府が発表したかさ上げ道路・防潮堤建設の基本計画づくりに関して、フィリピン公共事業道路省からJICAに支援要請があった。災害に強いまちづくりのため、タクロバン市の南部沿岸部およびパロ町の沿岸部を高潮から防護することを目的にし、建設費用はあくまでフィリピン政府が手当てする。しかし、フィリピン政府にとってこの規模・タイプの建設は初めてのこと。基本計画の策定、優先工事実施区間の基本設計、および公共事業道路省職員に対する技術支援がJICAに求められた。

これを受けて、公共事業道路省とJICAで協議を重ねた結果、「タクロバン市南からパロ町までの優先区間（約3kmを想定）」を基本設計の支援対象区間とし、技術面で協力することになった。当初、本プロジェクト

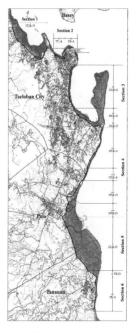
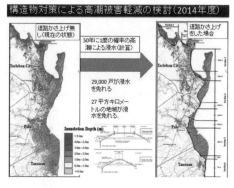

公共事業道路省が計画した工事対象区間

でハザードマップ上に提案したのは、既設道路のかさ上げだった。既設道路に沿う線形で、市街地を守ることを最優先としつつ、影響を受ける住民の数を少なくするよう設定した。

今回の要請により、プロジェクトチームは防潮堤およびかさ上げ道路の線形をレビューし、代替案および構造物の検討結果を提示することになった。そこで、プロジェクトチームは、かさ上げ道路および防潮堤の予定地付近での土地利用状況、道路および交差点の状況、家屋の立地状況などについて現地調査を行った。その結果、当初提案された線形では、道路のかさ上げ工事を行う際に、①工事中、道路交通に相当の支障が生じる可能性があること、②交差点が多く存在し、交差点付近ではかさ上げ道路に接続する道路においてスロープによる"すりつけ区間"が必要であること、③道路沿いに家屋が近接している区間が多いこと、④当初予定

の線形位置から海岸線までの間に家屋や工場などの施設が多く存在していることから、防護すべきエリアが十分にカバーできていないことなどの課題が判明した。

非構造物対策も並行して

　プロジェクトチームは、これらの課題に対応するため、公共事業道路省本省、パロ町にある同省の地域事務所、各自治体などと緊密な協議を重ねた。その結果、当初計画案の他に、道路沿いにコンクリート擁壁を設ける案、海岸沿いに防潮堤を設ける案の2つの代替案を新たに提案。3つの線形案について比較検討を行った。

　並行してJICA事務所は、どの災害規模にあわせた建設設計にするか、国の政策に係る議論を公共事業道路省大臣と行った。台風ヨランダのような100年に一度の台風に備える場合、相当な投資額になる。フィリピンの社会経済の実態にあわせて、守るべきものとそれに見合う投資をフィリピン政府が判断する必要があった。プロジェクトが出した線形の代替案により防護される家屋数および土地面積の計算を提示し、シンソン大臣が50年確率の高潮に対する防潮堤とする判断を下した。

　この防潮堤の件に限らず、被災直後から息の長い復興支援まで、シンソン大臣は可能な限りJICAとの面談に時間を割き、極力協議の場で結論を出してくれた。JICA事業の実施に向けて、他の省庁が躊躇する事案を引き受け、他の大臣や上官に根回しまでしてくれる、JICA事業の最大の理解者であり推進役であった。大臣として正規職員だけでも1万人以上のスタッフを抱え、重責を担う中、見宮は何度も面談し、最後はいつも笑顔で握手してくれる、垣根のない人だった。シンソン大臣の存在あってこそ、今回の一連の支援が展開できたといえる。

　当初提案の線形を含むこれら3案について、既設道路・建物からのアクセス性、施工時の道路機能補償の必要性、防護されない家屋数、景観、

経済性の観点から比較検討を行った結果を公共事業道路省に提供した。台風ヨランダのような超大型台風による高潮に対しては、かさ上げ道路や防潮堤といった構造物対策だけでなく、自治体と住民による平時からの避難計画策定など、非構造物対策の両方での対策が必要となる。このため、プロジェクトチームは、本工事の実施にあたって、避難計画策定や避難計画などの非構造物対策も平行して行うよう各自治体に助言を続けた。公共事業道路省と各自治体では、これらの調査結果を参考にして、防潮堤とかさ上げ道路建設を基本方針とすることにし、その線形を各自治体と確定させ、工事予算を確保し、実施に向けた具体的な準備に入ることになった。

公共事業道路省による住民との公聴会

住民と共に作った土地利用計画

防潮堤とかさ上げ道路建設の計画と共に、プロジェクトチームの支援により、タクロバン市やパロ町への土地利用計画の改訂作業も加速した。

2016年3月、タクロバン市では住民代表者が参加した、土地利用計画改訂の連続ワークショップもいよいよ終わりを迎えた。住民の意見が反映された土地利用方針が図化されたのだ。自分たちで考えた結果の賜物だか

第 8 章 持続可能な復興に向けて

土地利用計画案を発表する住民代表者

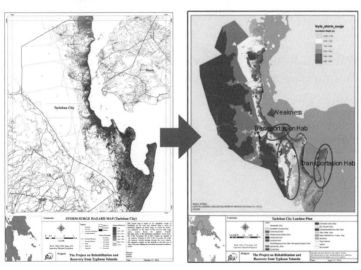

タクロバン市の土地利用図にハザードマップを反映

らこそ、計画の重みはまったく異なる。今までの土地利用計画改訂作業で、こんなにも市役所職員が団結し、都市計画部職員が市民と向き合って土地利用計画の議論をすることはなかった。計画官のドローレスは「40

年やってきて、自分の定年の年に、こんな奇跡が起こるなんて」と涙ぐんだ。

同じくジャニスは、「確かに効率は悪かったと思うけど、市の職員や住民代表者とワークショップを重ねたおかげで、皆が計画にオーナーシップを持つことができた。それが市にとって重要だった」と振り返る。ジャニスとドローレスにとって、色々な人や組織の間に立って、調整に奮闘した日々だった。

千田は、タクロバン市との協力を振り返った。「プロジェクトチームはタクロバン市職員らと2年以上の協力関係があった。これが、市職員との率直な意見交換ができる基盤を作り、一つの計画を作り上げる原動力になった。まさに継続は力なり、だった」。

その後、タクロバン市が改訂した土地利用計画は、住民との公聴会を経て、台風ヨランダ被災地域の中で最も早く市議会で承認された。こうして災害に強いまちづくりの基本計画ができた。

避難計画に反映された東松島市の教訓

台風ルビーの学びをもとに、避難計画の作成を進めたタクロバン市。同市では、新たに収集した避難所のデータをハザードマップ上に明記し、台

住民代表者がハザードマップを見ながら話し合う避難計画

風ルビー前に作られた避難地図を更新した。タクロバン市は周辺自治体と異なり人口規模が大きいため、非常に多くのデータ整理が必要だったが、防災担当官ベルナダスの指示により作業をなんとか完了させ、避難所をより正確に地図上に示すことができた。データ整理と地図化の結果、避難者人数に比べて避難所の収容人数が不足していることが改めて確認できた。そこで、市長の判断により、ベルナダスら市職員は、学校、教会、ホテルなどと避難所協定を結ぶことに奔走し、一つ一つ協力協定書を結んでいった。こうして、避難者に対してほぼ十分な避難所を確保することができた。

タクロバン市では、バランガイレベルの避難計画づくりにも取り組んだ。職員の中には、東松島市の訪問でコミュニティ避難マップを学んだ者がいた。住民はどこからどこに逃げるか、基本的な避難方法を市が示し、住民はそれに基づき避難計画を策定する。市はその指導と調整を行い、住民は具体的な避難行動を話し合い、避難計画を作っていく。このプロセスにおける、市と住民の役割分担を明確にすることが、効果的な避難計画づくりに重要であった。

市の職員は、避難するバランガイの住民と避難者を受け入れるバランガイを調整し、自治体の避難計画に反映させていった。特に沿岸部のバランガイは、内陸部にある別のバランガイに避難所を設定する必要があり、受け入れ先との密な連携と合意形成が必要だった。バランガイ同士の協定には、自治体によるきめ細かい調整が必要で、その調整の側面支援をプロジェクトチームが行ってきた。これらの取り組みは、東松島市で取り組む自主防災組織同士の協力協定の考え方を参考にしたものだった。

コラム　あの日を忘れない、台風に負けない社会を次世代のために

2015年11月8日、超大型台風ヨランダ災害から2年。各被災地で2周年記念イベントが開催され、プロジェクト関係者も招待された。プロジェクト対象地域のレイテ島・サマール島の湾岸地域の市や町では、亡くなった方々の慰霊、復興支援への感謝、台風に負けない

2周年記念イベント会場(タクロバン市)

社会づくりのメッセージが広く発信された。最も被害の大きかったパロ町、タナウアン町、タクロバン市でも、市長や町長がスピーチで会場にいる人々にメッセージを送った。JICAを含む海外からの支援への謝辞も述べられた。パロ町の町長からは、「台風は私たちを打ち負かすことはできない。私たちは台風に被災した日を忘れない。次の世代のために、明るい社会を作り前に進んでいきます」というメッセージがあった。タクロバン市、タナウアン町からも、未来志向のメッセージが発信されたのが印象的だった。

パロ町では、日本のNGOが教えた竹細工に火が灯され、優しい明かりが会場を包んでいた。タナウアン町では、イベントの終わりにステージの上から鳩が大空に放たれた。

タクロバン市では慰霊ウォークが開催され、市内から3kmほど離れたスタジアムまで参加した市民等が歩いて移動した。そのスタジアムは台風ヨランダ通過の際、避難した8,000人以上の人々を台風から守った象徴的な施設だった。8日の夜、タクロバン市では人々が通りにキャンドルを並べ、火を灯した。一列に並ぶキャンドルの灯をじっと見つめ

る子供たち。灯りの中に子供たちはどんな未来を見ていたのだろうか。

キャンドルを見つめる子供たち

台風ヨランダ復興経験を仙台から発信

　2016年3月、「仙台未来防災フォーラム」が仙台市で開催された。同フォーラムには、国連世界防災会議1周年の機会に、仙台・東北で復興や防災・減災に取り組んできた関係者等が集った。仙台市主催の市民イ

フォーラムで発表するベルナダス

東松島市　高橋の発表

ベントであるこのフォーラムは、活動事例などを共有し、国連防災世界会議で採択された国際的な防災指針である「仙台防災枠組2015-2030」を踏まえ、仙台・東北から未来に貢献する防災推進のために何ができるのか考え、発信することを目的とした。

この時期に合わせて日本に招へいした本プロジェクト関係者のうち、タクロバン市防災担当官ベルナダスと計画官ジャニスが、台風ヨランダ被災地を代表して、JICAの企画セッション「Build Back Better 東日本震災の経験から、より強い世界へ」で、それぞれの活動や成果などを発表した。会場には約120名が参加し、セッションは盛況だった。

ベルナダスは、日本の災害からの復興経験に基づいた避難計画について発表した。プロジェクトが提供したハザードマップの有効性、台風ルビー対応で得た教訓に基づいた避難所の特定、避難者リスト作りやルートの確認などである。「今後は、プロジェクトの支援で進めたタクロバン市の災害リスク軽減計画づくりの取り組みを周囲の自治体に伝えていきます。また、JICAを通じて、災害に取り組む日本の経験をさらに学んでいきたい」と自らの経験をもとに今後の抱負を語った。

フォーラムに参加したフィリピン招へい者たち

続いて、本プロジェクトと深い協力関係にある東松島市役所の復興政策課高橋が、市の復旧・復興の取り組みと国際協力について発表した。自身の被災経験を交えた話は参加者の心を強くひきつけた。「復興は長く平たんでない道のりですが、強い意志を持って人々に寄り添いながら取り組むこと、国際協力を通じて共に学びあうこと、そのことが被災地市民の新たな気づきとなり、国際交流の更なる促進や地域振興につながると信じています」。このメッセージは、会場にいた日本の人たちのみならず、フィリピンからの招へい者の心にも響いた。実際に復興に取り組む高橋の発表だからこそ、説得力があった。

6倍の高値で取引されるタナウアン町のカキ

2015年早々に始めたタナウアン町のカキ養殖は、同年10月に入りようやく出荷できるまでに成長した。台風ヨランダ前から行われていた口コミでの販売だけでなく、プロジェクトの指導で、漁民たちは地元レストランへの販路拡大にも挑戦してきた。その尽力もあり、台風ヨランダ被災後に新規開店した隣町のおしゃれなレストランに、より高価でカキを出荷できるようになった。レストランのオーナーに、「復興のためにできる限り被災地から食材を仕入れたい」という意向があったのも、漁民たちにとって大きな追い風になった。

大きく育ったカキ

このレストランのメニューには、生カキ、蒸しカキ、カキのチーズ焼きが並ぶ。「ここに並ぶカキはどれも新鮮で、おいしい！とお客さんに好評ですよ」。レストランの店員さん、コックさんたちは、笑顔で地元のカキを一押ししていた。

カキの卸し先のレストランスタッフ

人気メニューのカキのチーズ焼き

　出荷が始まったカキ生産者は、レストランに出荷する一粒カキの値段（1個あたり6.66ペソ：約15円）に驚いた。以前は1個1ペソ（約2.5円）だったから6倍の値段だ。まとまって育ったカキを、殻のまま1個1個にバラし、殻の表面についた様々な付着生物を取り除いて、レストランですぐにお客さんに出せるように手を加えた。カキを高値で売れるようになった漁民たちは、大きく育ったカキが盗難にあわないように、メンバーが交代でカキ養殖場を見張るようになった。漁民たちの間に、カキ飼育に対する考え方に変化の兆しが見え始めた。

持続可能なミルクフィッシュ養殖を目指して

　タナウアン町のペン生簀によるミルクフィッシュ養殖再建のため、升田やBFAR関係者は、稚魚の確保、餌のやり方などの技術的な指導ばかりでなく、餌や稚魚購入を支援する投資家募集、養殖組合の規約整備、資金管理や組織的な販売など、組合の育成に日々汗をかいていた。

　ミルクフィッシュ養殖が再開されると、漁民の家族や親類などからの投

第8章 持続可能な復興に向けて

ミルクフィッシュを加工する女性グループ

資は徐々に増え、2016年1月までに計47回の収穫があり、2度・3度と収穫した漁民も少なくなかった。がれき撤去から活動を再開した漁民たちの中には、台風ヨランダ前よりも収入が増えた者も出てきた。その後、国際NGOの支援も加わり、ペン生簀の稼働数が伸びてきた。BFARは、升田やイメルダと協力してミルクフィッシュ投資家募集会を何度か開催し、漁民が負担する餌代を確保し、持続可能な養殖の仕組み作りの支援を続けた。

　今後は、漁民の収益性を高めるために、漁民が資金を独自に運用し、漁民自身が新たな養殖に必要な飼料代や稚魚確保に投資できるようにすることが目標という。

ミルクフィッシュの生簀

出荷前のミルクフィッシュ

エピローグ

あの日を忘れず、共に前へ進もう

プロジェクトが終了

　台風ヨランダの被災から3年以上経過した2017年1月、本プロジェクトもついに閉幕のときを迎えた。1月17日には被災地レイテ州パロ町で、19日はマニラで、国家経済開発庁次官らのイニシアチブによるプロジェクト終了フォーラムが開催された。テーマは『持続可能な復興へのロードマップ』。国外からの支援はいつか終わる。フィリピン政府は台風ヨランダ被災から2年経過したころから「持続的な復興の実現」を強調しており、それがそのままプロジェクトの幕引きを飾るフォーラムのタイトルとなった。

　フォーラムには、プロジェクトで協力してきた自治体や国の出先機関、国際機関などの関係者が参加し、それぞれの代表者が復興の成果や今後の取り組みについて発表を行った。例えば、TESDAの人材育成、市場、学校、州の保健施設などの公共施設の再稼働と避難所としての活用計画、生計回復の取り組み、ハザードマップを活用した土地利用計画や避難計画、防潮堤やかさ上げ道路建設など、次の災害に備えた取り組みが披露された。特に、本プロジェクトで提供したハザードマップのインパクトは大きく、ハザードマップを活用し、住民と自治体が協働した避難計画や土地利用計画の改訂が次の災害に備えたまちづくりの指針になることが、自治体首長や職員らから発表された。

食品加工に取り組む女性たち

公共事業道路省地域事務所からは、プロジェクトチームが技術協力した防潮堤・かさ上げ道路工事計画が、フィリピン政府の予算により、2017〜2021年の予定でタクロバン市から南にあるパロ町、タナウアン町までの6区画全長27.3kmを対象に建設する計画の説明があった。総工費は約80億ペソ（約200億円）。2017年1月、タクロバン市南部からパロ町の区画（全7.8km）は、9の小区画に分けて、すべての入札が終わり、工事を開始した。

防潮堤工事の様子（パロ町マッカーサー公園横）

　こうして、災害に強いまちづくりに向けて、構造物対策と非構造物対策の両輪を確実に前進させていることが発表者から強調された。

　その後、被災地域の復興状況をモニタリングする国家経済開発庁の次官から、JICAを含む国際協力機関、フィリピン政府、被災地の人々の尽力により、台風ヨランダ被災地の社会経済状況が上向いているとの報告があった。

　同次官によると、台風被害の最も大きかった本プロジェクト対象自治体のある東ビサヤ地方は、地域総生産が2014年-2.4%だったが、2015年は+3.9%に上昇。2015年の同地域への投資総額は、75億ペソ（約180億円）で前年の3倍を超えた。ただし、これは復興景気によるところが大きい。復興景気が一段落した際、この地域にその後も継続して収益・投資をも

たらす産業が育つかどうか、これからが正念場といえる。

学校への教材供給・漁民へのボートや生簀供与、農具・農業機材提供、ココナツ苗木の植え付け、零細企業化研修、道路や橋の改修、市や町役場改修などは着実に進んでいる。一方、住宅は205,128戸のうち32,919戸が完成、108,875戸が建設中、63,334戸が未整備（2016年9月時点）で、住宅地の電気・水道整備・教育・保健施設の整備を含む、集団移転地整備と被災者の生計回復支援が遅れていることが指摘された。

今後の復興重点課題として、災害リスク軽減戦略の開発計画への統合、災害に強い地域社会の構築、包摂的成長などもあげられた。「今後も、持続可能な災害に強い地域社会づくりのために、フィリピン政府は被災地の人々とのたゆまぬ努力を続けていく」と同次官は同会合を締めくくった。

東日本大震災の被災地では、被災から6年以上たった今も、災害からの復興になお多くの人々が取り組んでいる。復興への道のりは決して平たんではなく、険しく長い時間を要する。東松島市の協力により築かれた同市民との関係、共に学んだ経験は、台風ヨランダからの復興に取り組む人々のかけがえのない財産となった。共に学びあった日々。今後も災害に強い地域社会に向けて取り組み続けることを参加者全員が確認して、プロジェクトが静かに幕を閉じた。

プロジェクト終了フォーラム参加者（パロ町）

世界に羽ばたく訓練を受けた船乗りたち

本プロジェクトで計画されたプログラム無償資金協力で、台風ヨランダで被災した国立航海技術訓練センター（NMP）に訓練用高速救助艇やフルミッションタイプ機関室シミュレータなど、訓練用機材が供与された。プロジェクト終了後、平林はNMPを訪問し、関係者から話を聞くことができた。対応してくれたのは、管理部長のマセダと研修部長のラギタンだった。

すでに触れたとおり、同センターと日本の協力には、1985～1993年にわたり訓練棟建設、技術協力、日本国内研修などを実施してきた長い歴史がある。この間、計44名が日本で研修を受け、今でもNMPで多数が講師・職員として活躍している。マセダとラギタンもそのうちの1人だ。

「NMPの訓練再開により、職員の雇用、NMP周辺住民を支援スタッフとして雇用、施設周辺でビジネス再開につながること、そして何より、訓練を受けたフィリピン人の将来の雇用促進につながっている。日本から訓練用機材を供与していただき、訓練の早期再開と訓練生増加につながっています。過去30年にわたる協力と台風ヨランダ後の復興支援には、心から感謝しています」とマセダは熱く語った。

供与した機材で無線訓練を受ける訓練生たち

NMPの年間訓練生数は、台風ヨランダに被災した2013年以降、フィリピン政府による施設の改修工事もあり減少していた。しかし、施設の改修工事の

完了と日本が供与した訓練用機材の活用により、2016年には訓練生数が増加した。2017年度は、15,000名の訓練生の受け入れを予定しているそうだ。

ラギタン研修部長(左)、マセダ管理部長(中央)と平林専門員(右)

訓練生の就職先の多くは海外の貨物会社だ。日本の貨物船にもフィリピン人が多いそうだ。多くの船乗りは、年間9カ月は船に乗り、給料を家族へ仕送りをする。16年間貨物船で仕事をしていたマセダも同じ生活を繰り返していた。「家族の教育費や医療費のため、船乗りは家族にお金を送るのが仕事ですよ」とマセダは笑った。

施設を視察した日も、基礎コースと上級コースの訓練が行われていた。

日本が供与した訓練用高速救助艇(右)と救助訓練中の訓練生たち(左)

訓練生たちの真剣なまなざしが印象的だった。上級コースの参加者は、全員中堅の船乗り経験者だった。彼らは、台風ヨランダ後に日本が供与した機材を使い、無線通信の研修を受けていた。研修が終わったら、また船に乗るという。

NMPと日本との長い協力の歴史の上に、NMPから育っていった多くの訓練生たち。彼らは、今も船に乗って、世界のどこかで活躍しているに違いない。

東松島市の復興にフィリピンを重ねる

2017年3月、平林らは、プロジェクトの終了報告と表敬のために東松島市・阿部秀保市長を訪ねた。平林から現地の復興状況や東松島市からの学びの活用などを報告した後、阿部市長から話があった。「まちづくりは、人づくりが重要だと痛感しています。今後も、現場を大切にしていきたい。実現できていない計画もありますが、当初立てた復興計画は非常に重要です。復興を進めるには、住民と合意形成し、立てた計画を具現化する『強い意志を持つ人材』が必要だと考えます」。これまでの復興経験に基づいた、迷いのない言葉だった。

その足で、本プロジェクトで重要な役割を果たした同市高橋の案内で、

阿部市長(左奥)への報告(東松島市役所)

2017年1月に集団移転地に開校したばかりの宮の森小学校（仙石線野蒜駅と東名駅の中間に位置する）を見に行った。

被災以降、ずっと仮設校舎で過ごしてきた6年生を、2017年3月、木造の新校舎から卒業させることができたそうだ。新築の校舎内は、まだ真新しい木の香りが漂っていた。各教室は天井が高く、開放的な雰囲気に包まれていた。多目的な個室がところどころに配置されるなど、校舎のレイアウトは、子供たちが過ごしやすいように工夫が凝らされていた。校舎内には、周辺住民が集えるスペースも用意され、地域とのつながりを重視した配慮もうかがえた。

開放的な宮の森小学校の教室

震災で大切な人やものを失い、これまでと大きく異なる環境で生きていく子供たちがこの学校で学ぶ。心を解きほぐす暖かさと優しさを抱くこの木造の校舎で、次の世代が育っていくだろう。また、集団移転地の中心に位置するこの学校は、子供たちばかりでなく移転地に住む人々の拠点ともいえる施設になるはずだ。

「数年後には、人口減少により生徒数がさらに減少することが懸念されています。宮野森小学校のある集団移転地で住宅建築が進む中、この素晴らしい学校をこの地域の魅力の一つとして、定住や移住なども視野に入れ、児童数増加に向けて尽力していきたい」。

普段は、気さくで冗談を飛ばす高橋だが、復興の話になると思いを巡ら

せ、心の底にある固い決意を持って、言葉を選びながら続けた。

「復興の考えは、被災者の中でも千差万別です。集団移転地の計画を住民が議論すると、参加した住民の数だけ異なる意見が出てくる。意見の集約には時間と労力を要しますが、まずは集会を開き、お互いに人の意見を傾聴する気持ちを確認することが大切。そこから対話や情報共有が始まります。そのなかで意見集約を重ね、まとまって同じ地区のコミュニティが同じ移転地に移る方針を市長が打ち出し、実施した。この方針のもと、住民と対話を重ね、次第に合意が形成されていったのです」。

フィリピンの被災地でも、プロジェクトチームの働きかけにより、タクロバン市やパロ町の職員、関係省の地域事務所職員らが、防潮堤の計画を含む土地利用計画の改訂のため、住民との合意形成に時間をかけてきた。改訂した計画の実現にむけ、自治体、住民、公共事業道路省らの間でさらなる協議が続くことだろう。

生まれ育ってきた町を愛し、誇りに思う心と、人々との触れ合いを大切にしてきた高橋ら東松島市の人たち。フィリピン台風ヨランダ被災地の人々も、地元を愛する気持ちと明るさでは決して負けていない。これからもその笑顔を絶やさず、被災した日のことを忘れず、前に進んでいくに違いない。

再開した学校で学ぶフィリピンの子供たち

あとがき

　本プロジェクトが終了に近づく。「このプロジェクトの記録を残したい」という気持ちが高まっていく。加藤理事が現地訪問した際、「このプロジェクトの記録、残したいですよね」という言葉があった。そしてJICA研究所萱嶋副所長、亀井さん他関係者皆さんの後押しにより、本書製作が正式に決まった。

　フィリピンに未曾有の被害をもたらした台風ヨランダ。私たちの想像を超えるつらく悲しい経験をした現地の人々への緊急支援および復旧・復興支援に携わった関係者。混とんとした現地での活動は困難の連続だったが、多大な支援ニーズを目の前にし、「何とかしたい」という切実な思いで乗り越えてきた。

　2013年11月8日以降、目まぐるしいスピードで、日本として何ができるか模索し、国レベルの事業における潮流を作り出し、現場での事業につなげた。スピードが必須の緊急および復旧事業の後は、ひたすら地道に粘り強く復興事業をリードしつつ先方の歩みに寄り添ってきた。一連の事業におけるフィリピンと日本の関係者のチームワークはまぶしいほどに輝いていた。プロジェクト終了時、フィリピン・日本の関係者が互いに「またいつか会おう。一緒に仕事をしよう」と抱き合い、語り合う。本当に「ひと」に恵まれたプロジェクトではなかっただろうか。

　ヒストリーを語るにはまだ早すぎる感はあるが、緊急支援から復旧、そして復興までの約5年間、支援や事業形態の変移があり、多くの学びがあった。「ひと」に恵まれたという点では、複数の大臣をはじめとする政府高官から現場のコミュニティの方々まで多種多様な人々との協働を通し、シームレスかつダイナミックな取り組みが展開されたことは特筆に値する。この

一連の協力は、「協働」そのものであり、その場に参画できたことを、国際協力に従事する者として心から誇りに思う。

　この協力を通した「ひと」との出会いは、フィリピンだけではない。自らの被災経験をもとに、真摯に暖かくフィリピン被災地支援に協力していただいた東松島市の方々との出会いは、かけがえのない生涯の財産になった。フィリピン被災地の人々と東松島市の皆さんとのそれぞれの地での交流により、プロジェクト関係者の距離がどれだけ縮まっただろうか。本書製作にあたり、インタビューに協力していただいたフィリピン・東松島市の方々は、目頭を熱くし、時に涙しながら、それぞれ被災当時から復興に立ち向かう日々を語ってくれた。被災者の声には圧倒的な迫力がある。東松島市の取り組みはフィリピンの人々の心に今も残り、支えの一つになっている。

　また、緊急・復旧・復興事業に従事した方々も、厳しい環境の中で手探りながら、支援を着実に前進させた日々を語ってくれた。

　被災地の皆さんが今後も被災時のつらい経験を抱えながら復興に取り組み続ける姿、決してあきらめない気持ち、厳しい状況で状況を打開していった一連の協力の関係者の道のりが、私たちの執筆を最後まで導いてくれた。旧知の仲の2人による一連の執筆作業も、プロジェクトの時同様、苦労も笑い飛ばす絶妙な呼吸で進んだ。

　本書では残念ながら本プロジェクトに尽力したすべての関係者の活躍を執筆できなかった。特に、本書は現場を中心に執筆しているため、日本国内における対応についてはほとんど触れられなかった。現場における事業実施には日本国内における準備、根回し、バックアップが不可欠であり、日本側関係者にこの場を借りて、お礼をお伝えしたい。

フィリピン台風ヨランダ災害復旧・復興支援に全力で取り組んだ、フィリピン・日本の関係者の勇気ある取り組みを一人でも多くの方々に読んでいただければ、光栄に思う。そして、より効果の高い、一人一人に届く復旧・復興事業実施の一助となれば幸いである。

　最後に、本書の製作にあたり、インタビュー、資料提供、事実確認や現地での取材の手配に、貴重なお時間や協力をいただいた次の各氏にお御礼申し上げます。

　（敬称略）荒木元世、石塚高也、伊月温子、岩上憲三、今田啓介、臼井克也、勝部司、鎌田みどり、木全邦雄、九野優子、久保達彦、佐々木隆宏、白水健一、高橋宗也、高橋英雄、竹田幸子、竹谷公男、千田雅明、橋本孝一、細川貴志、升田清、室岡直道、山内聡、山本敦彦、四倉禎一朗、Dolores Peurtellano、Emmanuel Laguitan、Eugene Bautista、Gina Dela Cruz、Ildebrando Bernadas、Janis Canta、Jennifer Erice、Kiarah Florendo、Lorna Gomez、Maita Alcampado、Maryann Bakisan、Panfilo Lacson、Patrick Sanjuan、Rogelio Singson、Ruben Maceda、Yolanda Cantos、Zaldy Marila

　ここに記載できなかったすべての関係者に心からの感謝をお伝えします。

2018年3月
見宮美早・平林淳利

台風ヨランダ災害対応年表

月 日	フィリピン国内の主なできごと	フィリピン・日本関係の主なできごと
【2013年】		
11月4日	・フィリピン大気地球物理天文局が、台風ヨランダのフィリピン接近を発表	
11月7日	・午前6時ごろ、フィリピン内務地方自治省から避難指示発令 ・フィリピン大統領、台風ヨランダ警戒発令 国連災害評価調整チーム（UNDAC）、マニラのフィリピン軍基地で待機	・JICA本部からUNDACに派遣した勝部、マニラで待機
11月8日	・午前4時40分、台風ヨランダがサマール島ギアン町に上陸	
11月9日	・午前10時過ぎ、UNDACチームが軍用機でタクロバン市到着。	・UNDACチームの勝部（～11月19日）、タクロバン市到着 ・日下部隆昭JICA専門家　被災地入り
11月10日	・フィリピン大統領が軍用機で被災地のタクロバン市に到着、被災地視察および食糧配布	・JICAフィリピン事務所から、青年海外協力隊員捜索チームを被災地へ派遣 ・JICA本部　緊急援助隊先遣隊調査チーム2名（外務省、JICAから各1名）現地派遣
11月11日	・フィリピン大統領、国家非常事態宣言発令	・国際緊急援助隊・医療チーム第一次隊27名派遣（～11月24日） ・JICA本部内に台風ヨランダ被害支援対策本部設置
11月12日		・国際緊急援助隊・医療チーム第一次隊3名がタクロバン市に到着。同チームの残りはセブ島で待機、翌日同市に移動 ・日本から被災地に自衛隊派遣 ・フィリピン事務所が、本部へ意見具申書その1送付
11月13日		・JICA本部にて台風被害支援対策本部第1回会合
11月15日		・自衛隊派遣拡充 ・国際緊急援助隊・医療チーム第一次隊　被災地にて本格的医療活動開始
11月17日		・日本政府からの緊急支援物資　被災地へ輸送開始
11月18日		・JICAから緊急支援物資をタクロバン市へ引き渡し
11月19日		・JICA本部にて台風被害支援対策本部第2回会合
11月20日		・国際緊急援助隊・医療チーム　第二次隊30名派遣（～12月3日）
11月26日		・国際緊急援助隊・専門家チーム第一次隊6名派遣（国土交通省、水資源機構、JICA）（～12月7日） ・JICA本部にて台風被害支援対策本部第3回会合
11月29日		・国際緊急援助隊・医療チーム　第三次隊24名派遣（～12月12日）
11月30日		・国際緊急援助隊・専門家チーム　第一次隊タクロバン入り
12月	・フィリピン市民防衛局を中心に、災害後復興ニーズ評価調査（PDNA）開始	

月日	フィリピン国内の主なできごと	フィリピン・日本関係の主なできごと
12月2日		・国際緊急援助隊・専門家チーム　第二次隊22名派遣(～12月19日)、日本から順次現地入り。
12月3日		・JICA本部にて台風被害支援対策本部第4回会合
12月4日		・国際緊急援助隊・専門家チーム(油流出対策、海上保安庁等)5名派遣(～12月13日)
12月6日	・フィリピン大統領がラクソン復興担当大統領補佐官任命	
12月10日		・JICA本部にて台風被害支援対策本部第5回会合
12月13日		・災害復旧スタンドバイ借款(500億円)EN締結 自衛隊帰国
12月18日	・フィリピン大統領出席によるドナー会合開催、Build Back Betterに基づいた復興ビジョンの提示 ・フィリピン政府が、復旧・復興計画指針(RAY)を公表	・JICA本部から竹谷客員専門員、フィリピン事務所長等が参加
【2014年】		
1月19日		・宮城県東松島市関係者含むJICA本部調査団被災地入り(～1月26日)、タクロバン市およびマニラでのセミナーで東松島市の復興経験を発表
2月2日		・「台風ヨランダ災害緊急復旧・復興支援プロジェクト」チームがタクロバン市入り、2月中にのべ35名現地入り
2月22日		・JICA田中理事長、被災地視察
5月		・台風ヨランダ災害復旧・復興計画G/A(贈与契約)締結
5月16日	・市民防衛局(OCD)が災害後復興ニーズ評価調査(PDNA)を大統領に提出	
6月23日		・東松島市国内支援委員2名、被災地視察、「復興セミナー」で復興経験共有(～6月26日)
7月		・クイックインパクトプロジェクト(QIPS)、本格活動開始
8月1日	・フィリピン政府が復旧・復興計画を公表	
11月8日	・被災地などで台風ヨランダ被災1周年イベント開催	・プロジェクト関係者が各イベントに出席
11月10日	・マニラ市にてフィリピン政府主催「復興政策セミナー」開催	・JICA竹谷客員専門員がキーノートスピーチ、岩間技術審議役がインフラ部会で発表。
11月17日		・タクロバン市にて「プロジェクト成果発表セミナー」開催、18被災自治体にハザードマップ引譲渡
11月18日		・JICA本部　台風被害支援対策本部最終会合
12月4日		・第1回招へいプログラム：内務地方自治省地域事務所長、カキ養殖組合長など9名を東松島市などへ招へい(～12月8日)、6日第4回「環境未来都市」構想推進国際フォーラム(宮城県東松島市)にて参加者が復興経験を発表、
12月6日	・午後9時15分ごろ、大型台風ルビー東サマール州ドローレス付近に上陸	

月　日	フィリピン国内の主なできごと	フィリピン・日本関係の主なできごと
【2015年】		
1月26日		・第2回招へいプログラム：：国家経済開発庁次官、タクロバン市長など11名参加（～1月31日）
3月2日		・タクロバン市にて「復興セミナー」開催
3月5日		・マニラにて「復興セミナー」開催、国家経済開発庁次官、内務自治省次官などが参加
7月26日		・第3回招へいプログラム実施：公共事業道路省次官、国家経済開発庁地域事務所長等が参加（～7月30日）など
11月8日	・被災地などで台風ヨランダ被災2周年イベント開催	・プロジェクト関係者が各イベントに出席
【2016年】		
2月9日、11日		・マニラ市・タクロバン市にて「持続可能な復興フォーラム」開催、加藤理事が出席
3月		・特定非営利活動法人いしのまきNPOセンターが「奥松島の技術を活かした台風ヨランダ被災漁村に於ける水産養殖と加工品開発」開始（～2019年3月）
3月10日		・第4回招へい：タクロバン市防災担当官等11名参加、12日「仙台未来防災フォーラム」にて、フィリピン代表者らが復興経験を発表
3月末		・クイックインパクトプロジェクトのうち、生計回復支援終了、残りの公共施設（学校・保健所など）再建支援は継続
7月6日、7日		・東松島市国内支援委員2名（～7月9日）を招いて、マニラ市・タクロバン市にて「復興経験共有セミナー」開催
9月22日	・フィリピン労働雇用省技術教育技能教育庁（TESDA）による、貢献団体・個人表彰式	・台風ヨランダ災害緊急復旧・復興支援プロジェクト」が開発パートナー部門でTESDAから表彰
11月8日	・被災地などで台風ヨランダ被災3周年イベント開催	・プロジェクト関係者が各イベントに出席
【2017年】		
1月	・タクロバン市およびパロ町にて防潮堤建設工事開始、プロジェクトのハザードマップおよび基本設計の技術支援活用	・プロジェクトが作成した「土地利用計画改訂ハンドブック」をフィリピン住宅土地利用規制委員会に譲渡
1月17日		・パロ町にて、「プロジェクト終了フォーラム」開催
1月19日		・マニラにて、「プロジェクト終了フォーラム」開催
1月末		・プロジェクト現地活動終了

参考文献・資料

【書籍・文献】
石井明男・眞田明子[2017].「クリーンダッカ・プロジェクト」
河野博子[2015].「里地里山エネルギー」
半藤一利[2001].「レイテ沖海戦」
平林淳利、室岡直道、岩間敏之、千田雅明、熊谷健蔵[2015].「フィリピン国台風ヨランダからの学びと台風ルビーの対応と課題」
Philippine Statistics Authority[2016].「Poverty Situation in Eastern Visayas」
National Statistical Coordination Board[2013].「2012 Full Year Official Poverty Statistics」

【報告書・発表資料・その他】
後藤晃[2014].「タクロバン通信0号」
日東製網株式会社[2017].「フィリピン国台風被災地における台風に強い浮沈式養殖技術の普及・実証事業進捗報告書」
仙台空港ビル株式会社[2014].「仙台空港ビルにおける被災状況と津波対策」
東松島市[2015].「Higashimatsushima City Reconstruction Plan」
JICA[2004].「地理情報整備分野に係る協力方針と有効活用に関する研究(プロジェクト研究)報告書」
――――[2008].「フィリピン国国土総合開発計画促進に関する地図政策支援行政整備調査」
――――[2009].「インドネシア共和国アチェ州住民自立支援ネットワーク形成プロジェクトプロジェクト事業完了報告書」
――――[2013].「大規模災害からの復興に係る情報収集・確認調査 −復興プロセスに対応したJICA 支援のあり方検討− 最終報告書」
――――[2014].「フィリピン国台風ヨランダ災害緊急復旧復興無償資金協力準備計画書」
――――[2014].「フィリピン国台風ヨランダ災害緊急復旧復興支援プロジェクト 詳細計画策定調査(航海技術センター)調査結果報告書」
――――[2015].「フィリピン国台風ヨランダ災害緊急復旧復興支援プロジェクト ファイナルレポート(I)」
――――[2016].「The Urban Development Study on the Project on Rehabilitation and Recovery from Typhoon Yolanda in the Philippines, Documentation Report for Study Tour in Japan」
――――[2017].「フィリピン国台風ヨランダ災害緊急復旧復興支援プロジェクト ファイナルレポート(II)」
――――[2017].「JICAの地理情報分野における事業実施の留意点」

※本書に関連する写真・資料の一部は、独立行政法人国際協力機構（JICA）のホームページ「JICAプロジェクト・ヒストリー・ミュージアム」で閲覧できます。
URLはこちら:
https://libportal.jica.go.jp/library/public/ProjectHistory/TyphoonYolanda/TyphoonYolanda-p.html

略語一覧

BFAR	Bureau of Fisheries and Aquatic Resources（フィリピン国漁業水産資源局）
DA	Department of Agriculture（フィリピン国農業省）
DepEd	Department of Education（フィリピン国教育省）
DILG	Department of the Interior and Local Government（フィリピン国内務地方自治省）
DOE	Department of Energy（フィリピン国エネルギー省）
DOH	Department of Health（フィリピン国保健省）
DOLE	Department of Labor and Employment（フィリピン国労働雇用省）
DOST	Department of Science and Technology（フィリピン国科学技術省）
DOTC	Department of Transportation and Communication（フィリピン国運輸通信省）
DPWH	Department of Public Works and Highways（フィリピン国公共事業道路省）
EVRMC	Eastern Visayas Regional Medical Center（東ビサヤ地域医療センター）
GIS	Geographic Information System（地理情報システム）
GNP	Gross National Product（国民総生産）
GNSS	Global Navigation Satellite System（全世界的衛星測位システム）
HOPE	Higashimatsushima Organization for Progress and Economy, Education, Energy（一般社団法人東松島みらいとし機構）
JDR	Japan Disaster Relief Team（国際緊急援助隊）
JICA	Japan International Cooperation Agency（国際協力機構）
NAMRIA	The National Mapping and Resource Information Authority（地図資源情報庁）
NDRRMC	The National Disaster Risk Reduction and Management Committee（国家災害リスク削減管理委員会）

NEDA	The National Economic and Development Agency（フィリピン国国家経済開発庁）
NGO	Non-Governmental Organization（非政府組織）
NMP	National Maritime Polytechnic（国立航海技術訓練センター）
OCD	The Office of Civil Defense（市民防衛局）
ODA	Official Development Assistance（政府開発援助）
OPARR	Office of the Presidential Assistant for Rehabilitation and Recovery（復興支援大統領補佐官室）
PAGASA	Philippine Atmospheric, Geophysical and Astronomical Services Administration（フィリピン大気地球物理天文局）
PDNA	Post-Disaster Needs Assessment（災害後復興ニーズ評価調査）
QIPS	Quick Impact Projects（クイックインパクトプロジェクト）
RAY	The Reconstruction Assistance on Yolanda（復旧・復興計画指針）
RHU	Rural Health Unit（地方保健所）
SMS	Short Messaging Service（ショートメッセージサービス）
SPEED	Surveillance in Post Extreme Emergencies and Disasters（災害時健康情報の実践的集計報告システム）
TESDA	The Technical Education and Skills Development Authority（フィリピン国技術教育技能訓練庁）
UNDAC	UN Disaster Assessment and Coordination（国際連合災害評価調整チーム）
UNDP	United nations Development Programme（国際連合開発計画）
UNOCHA	UN Office for the Coordination of Humanitarian Affairs（国際連合人道問題調整事務所）
USAID	United States Agency for International Development（アメリカ合衆国国際開発庁）
WFP	United Nations World Food Programme（国際連合世界食糧計画）
WHO	World Health Organization（世界保健機関）

[著者]

見宮　美早 (本姓:清水) (けんみや　みさ)

大学および大学院にて国際経済、公共政策(特に環境政策)を学ぶ。公共政策修士。1995年旧国際協力事業団(JICA)入団。以後、JICA本部、ケニア事務所、フィリピン事務所で環境、投資・ガバナンス、災害復旧・復興等の分野を担当。現在、JICA地球環境部森林・自然環境グループ企画役。

平林　淳利 (ひらばやし　あつとし)

理学修士。博士後期課程に在籍。NGOでアフリカ諸国の人道支援、開発コンサルタントで参加型開発に従事。1999年からJICA長期専門家でネパール、ケニア、シエラレオネにて活動。その前後、アフリカ・アジア諸国の地方開発、災害・紛争影響国などで復興支援に従事。現在、JICA国際協力専門員(コミュニティ開発・復興支援担当)。

屋根もない、家もない、でも、希望を胸に
フィリピン巨大台風ヨランダからの復興

2018年3月15日　第1刷発行

著　者：見宮美早・平林淳利

発行所：佐伯印刷株式会社　出版事業部
〒151-0051 東京都渋谷区千駄ヶ谷5-29-7
TEL 03-5368-4301
FAX 03-5368-4380

編集・印刷・製本：佐伯印刷株式会社

ISBN978-4-905428-81-7　Printed in Japan
落丁・乱丁はお取り替えいたします